rowohlts monographien
begründet von Kurt Kusenberg
herausgegeben
von Wolfgang Müller

Wladimir Majakowski

mit Selbstzeugnissen
und Bilddokumenten
dargestellt von
Hugo Huppert

rororo

Rowohlt

Dieser Band wurde eigens für «rowohlts monographien» geschrieben
Den Anhang besorgte Helmut Riege
Herausgeber: Kurt Kusenberg
Umschlagentwurf Walter Hellmann
Vorderseite: Wladimir Majakowski, fotografiert von Alexander Rodtschenko im Jahre 1924 (Privatsammlung)
Rückseite: Von Wladimir Majakowski und Alexander Rodtschenko entworfenes Reklameplakat für das Moskauer Kaufhaus GUM, 1923: «Alles für ALLE»

Veröffentlicht im Rowohlt Taschenbuch Verlag GmbH,
Reinbek bei Hamburg, Februar 1965

Gesetzt aus der Linotype-Aldus-Buchschrift
und der Palatino (D. Stempel AG)
Gesamtherstellung Clausen & Bosse, Leck
Printed in Germany
1080-ISBN 3 499 50102 3

22.–29. Tausend Mai 1991

Inhalt

МИ СВЯЗАНА
ТАК
КОМУ
С ТОГО
АМЕР
ШКЕ
КОМУ

GEORGIER BIN ICH

Knapp hundert Kilometer landeinwärts von der antiken Argonautenküste des Schwarzen Meeres, die von den Georgiern noch heute Kolchis (Kolcheti) genannt wird, liegt die sanft-gebirgige Landschaft Imerien. Zwischen die westgeorgischen Provinzen Mingrelien und Gurien gelagert, umfaßt sie zugleich das fruchtbare Becken des Rion (im Altertum Phasis genannt) und die dazugehörigen Seitentäler: eine üppige, wasserreiche Gegend, die freilich im Rion-Delta sumpfig wird. Wir befinden uns in Transkaukasien, westlich des Surami-Gebirges, das die Wasserläufe zwischen Schwarzem und Kaspischem Meer scheidet. Zusammen mit den Schwesterrepubliken Armenien und Aserbeidshan teilt sich die Sowjetrepublik Georgien, auch Grusien geheißen, in die Hoheitsgebiete, die das Zarenreich als «Gouvernement Kaukasus» verwaltet hat. Erst seit 1801 war das uralte Königreich Georgien (Ssakartwelo) ein russischer Reichsteil, nachdem Heraklius II., von türkischen Invasionen bedrängt, sich schon 1793 unter russischen Schutz gestellt und alsdann sein Nachfolger Georg XII. die Einverleibungsakte unterzeichnet hatte. Seither saß in der georgischen Hauptstadt Tiflis (Tbilissi) der Statthalter des Zaren für die transkaukasischen Territorien, bis am 25. Februar 1921 Georgien zur Sozialistischen Sowjetrepublik wurde, als die es heute einen der fünfzehn Bundesstaaten der Union bildet.

Wladimir Wladimirowitsch Majakowski, geboren am 19. Juli 1893 in dem imerischen Weinbauerndorf Bagdady, stammte aus der Gesellschaftsschicht der Gouvernementsbeamtenschaft russischer Nationalität, deren administrative Tätigkeit von Tiflis aus gelenkt wurde. Der Vater Wladimir Konstantinowitsch Majakowski war staatlicher Forstmeister, Waldrevierverwalter, mit einem weitläufigen und malerischen Wirkungskreis. Die Mutter, eine geborene Pawlenko, hieß Alexandra Alexejewna, war halb ukrainischer Abkunft, mit Vorfahren aus dem Saporoger Kosakentum. Dem Dichter blieb seine südländische Herkunft zeitlebens ein Gegenstand anregend-freudiger Rückblicke: *Kaum tret ich den Boden des Kaukasus, / fällt mir ein, daß ich Georgier bin . . . / Wie heißts doch da droben? / Kasbek, Elbrus . . . / Da türmen sich Berge auf Berge hin! / . . . Paradies und Eden sind eitler Tand. / Doch wenn ihn die Dichter erhöhten, / so scheint mir: / Georgien, das fröhliche Land, / meinten besagte Poeten.*[1]

---

1 Sämtliche in den Text eingeflochtenen Majakowski-Zitate sind den gedruckten Ausgaben der Majakowski-Nachdichtungen von Hugo Huppert entnommen oder von ihm eigens für diese Monographie verdeutscht worden.

1930

Das Geburtshaus in dem Dorf Bagdady, das heute Majakowski heißt

Georgier bin ich, heißt es immer wieder, und es klingt als Bekenntnis zur Kindheitsheimat, als Dank an deren Landschaft, als Sympathiebezeigung an das georgische Volk, dessen Sprache er von jung auf beherrschte, dessen romantische Sagen schon Puschkin und Lermontov beseelt hatten. Zum landschaftlichen Moment gesellt sich das geschichtliche: *Ja, Georgier bin ich, doch meine Nation / ist nicht in Bergschluchten zerspellt: / nein, Gefährten e i n e r Föderation / der künftigen Sowjetwelt!*

Das Motiv der «Föderation» hat hier noch seitenthematischen Wert, weil ja Georgien seit März 1922 die Transkaukasische Sozialistische Föderierung mit Armenien und Aserbeidshan ins Leben gerufen hatte, ehe sich dieser Bundesstaat im Dezember desselben Jahres der UdSSR anschloß. Sogar in den Besonderheiten seiner Ab-

kunft spürt der Dichter schon einen internationalistischen Impuls: *Drei sprachliche Quellen strömen mir voll / zur russischen Rede zusammen. / Ein Ahn war Kosak, der andre Chochòll; / aus Georgien seht ihr mich stammen.*

Im Original steht nicht «chochòl», was Scheitelschopf, die familiäre Bezeichnung für den Ukrainer, besagt, sondern noch enger lokalisiert: «ssetschewik», Bewohner der Saporoger ukrainischen Kosakendörfer.

Vater Majakowski hatte die Försterstelle in dem Bergdorf Bagdady fünf Jahre vor der Geburt des Sohnes angetreten und versah sein Amt mit Geschick und rastlosem Fleiß. Der Ortsname dürfte von «bagdady», der dortigen Bezeichnung für bunte, orientalisch bemusterte Seidentücher, herzuleiten sein. Seit 1940 heißt die Ortschaft zu Ehren des Dichters: Majakowski. Bis zum Jahre 1901 wuchs der kleine Wolodja mit den beiden älteren Schwestern Ludmila und Olga im Elternhaus auf und verbrachte hier auch die Ferienmonate, als er (seit 1902) das russische Gymnasium in der benachbarten Stadt Kutais besuchte. Es war eine bukolische Kindheit zwischen Wäldern, Jagdgründen und Bergen, benachbart dem ewigen Schnee des kaukasischen Hauptkammes, zwischen Felsschluchten und Wasserfällen von abenteuerlicher Schönheit. *Sieben Jahre alt. Vater begann, mich auf Inspektionsritte durch sein Forstrevier mitzunehmen. Gebirgspaß. Nacht und Nebel rundum. Nicht mal Vater ist zu sehen. Schmalster Fußpfad. Vater hat offenbar einen Heckenrosenzweig mit dem Ärmel mitgezerrt. Zweig und Gedörn mit voller Kraft gegen meine Wange. Ziehe leise wimmernd die Stacheln heraus. Mit einemmal ist alles weg: Dunst, Dunkel, Schmerz. Hinterm auseinanderreißenden Nebel tief unten – Tageshelle. Das war Elektrizität. Faßfabrik des Fürsten Nakaschidse. Seit der Elektrizität verlor ich jedwedes Interesse für die Natur. Eine schlecht perfektionierte Angelegenheit.* Diesen Abschnitt seiner im Depeschenstil abgefaßten *Autobiographie – Ich selber* überschrieb der Dichter *Ungewöhnliches.* Zweifelsohne hat das Außerordentliche der kaukasischen Bergwelt an der Herausbildung dieser Dichterpersönlichkeit mitgewirkt. Dem inmitten des Ungewöhnlichen Heranwachsenden erschien es freilich bald als das Gewohnte. Es wurde zum Naturmilieu des Alltags. Es verlor die Anziehungskraft des Fernen und Unbekannten. *Erstes Haus, das deutlich im Gedächtnis steht. Zwei Stockwerke. Das obere unser. Das untere eine Weinkelterei. Jährlich einmal zweirädrige Karren voll Weintrauben. Ich aß. Sie tranken. All dies auf dem Gelände einer uralten georgischen Festung bei Bagdady. Befestigung von Burgmauer umviereckt. An den Mauerecken Plattformen für Geschütze. In den Mauern Schießscharten. Hinter den Mauern Wallgräben. Hinter den Gräben Wälder und Schakale. Über den Wäldern das Gebirg. Wuchs heran. Bestieg den höchsten Gipfel. Berglehnen fallen nordwärts ab. Dort im Norden ein Durchblick. Man ahnte: das ist Rußland. Dahin zog es einen auf das unwahrscheinlichste.* Und diesem Abschnitt der Kurzautobiographie gab der Dichter den erläuternden Titel *Wurzeln der Romantik.* Schon für den Halbwüchsigen entbehrt die imerische Heimatwelt des eigentlich poetischen Reizes. Im Schaffen Majakowskis finden wir kein einziges Beispiel alpiner Naturlyrik. Der elektrische Strom scheint ihm erhabener, vollkommener als der ihn produzierende Sturzbach; die Glühbirne im Tal reizvoller und besingenswerter als das Glitzerspiel des Sonnenlichts im Wasserfall. Ein kennzeichnender Zug: Urbanismus.

Man übersiedelte in die eigentliche Forstmeisterei, ein zweigeschossiges Holzhaus mit imeretischem Altan am rechten Ufer des Flusses Chanis-Zchali (was Khans-Wasser bedeutet). Hier mündete die Talschlucht von Sekari, und die Dorfsenke mit ihren zweihundert Höfen war damals noch reich umwaldet. Der Erste Weltkrieg hat mit den schönen Gehölzen leider aufgeräumt. Die Sekari-Talenge

Der Vater: Wladimir Konstantinowitsch Majakowski

Die Mutter: Alexandra Alexejewna, geb. Pawlenko

bildet einen förmlichen Zugluftkorridor, durch den im Frühjahr ein föhnartiger Fallwind aus der Türkei herüberbraust. Er trug die Gedanken des jungen Schwärmers nach Norden, nach Rußland, wo einst Puschkin und Lermontov, Nekrasov und Schewtschenko, die Bewunderten, Vielgelesenen, gelebt hatten.

Im Leben der Majakowskis spielte das Bücherlesen eine bedeutsame Rolle. Die aus Petersburg und Moskau kommenden «dicken» Monatshefte belletristischer Zeitschriften wurden sehnlich erwartet. *Erstes Buch. Irgendeine «Geflügelhüterin Agathe». Wären mir damals mehr solche Bücher in die Hand gekommen, so hätte ich das Lesen ganz aufgegeben. Zum Glück kam als zweites – «Don Quijote». Das war ein Buch! Bastelte mir Holzschwert und Harnisch. Verheerte die Umgebung ... Vorbereitungsklasse. Erste und zweite Klasse. Primus. Lauter Einser. Lese Jules Verne. Überhaupt Phantastisches ... Japanischer Krieg. Wachsende Zahl der Tagesblätter und Zeitschriften zu Hause. «Russische Nachrichten», «Russisches Wort», «Russischer Reichtum» und das übrige. Lese alles. Steigere mich unmerklich in Erregung. Begeistert über Postkartenbilder von Kreuzern. Wird vergrößert und nachgezeichnet. Das Wort «Proklamation» ist aufgetaucht. Georgier hängten die Proklamationen auf. Kosaken hängten*

die Georgier auf. Meine Kameraden sind Georgier. Begann die Kosaken zu hassen.

Wolodja war ein guter Schüler, anstellig und rasch von Begriff. Bei Rechenaufgaben mußten als Einheiten Früchte herhalten. Wolodja stutzte. *Mich unterrichteten Mutter, Schwestern, Kusinen aller Grade. Arithmetik erschien unglaubwürdig. Man soll Äpfel und Birnen abzählen, die an Jungen verteilt worden sind. Doch hatte ich jederzeit ohne Rechnerei empfangen und hergegeben. Denn im Kaukasus gibt es Obst in Hülle und Fülle. Lesen hingegen lernte ich mit Vergnügen.* Was das Rechnen anlangte, hätte Wolodja Additionen noch angehen lassen; doch das Subtrahieren fand er unsinnig, kleinlich. Ihm dämmerte ein Schimmer Wahrheit: «Jedem nach seinen Bedürfnissen!» Was ihm Spaß bereitete, war Geschichte und Zeichnen. Schwester Ljuda zeigte dem örtlichen Maler Krasnucha Skizzen, Bleistiftbildchen, Karikaturen Wolodjas; der Mann witterte Talent und unterrichtete den Jungen unentgeltlich.

Vom Kriegsschauplatz im Fernen Osten kamen böse Nachrichten. Niederlagen fraßen Menschen und Gelder. Auch Russen aus dem Kaukasus fielen bei Mukden. Schon verdichteten sich Gerüchte: in Rußland droben gäre es. Ljuda studierte in Moskau, wollte Lehrerin werden. Jetzt kam sie auf Besuch ins Elternhaus. *Enthusiastin. Steckte mir insgeheim bedruckte Papierbänder zu. Gefiel mir: sehr gewagt. «Halt ein, Genosse, o Bruder, bedenk, / wirf hin dein Gewehr auf die Erde!» Und noch ein anderes, mit dem Schluß: «. . . da gäbs noch den anderen Weg: / zu den Deutschen mit Weib und Sohn und Mama . . .» (das ging auf den Zaren). Das war die Revolution. Das geschah in Versen. Verse und Revolution verschmolzen mir irgendwie im Kopf in eins.* Und da also trat in die Begriffswelt des Schuljungen Wolodja das einprägsame Wort «Proklamation». In solchen Aufrufen war die Rede von dem unnütz und mutwillig durch Nikolaus II. angezettelten Krieg gegen Japan, vom Zunehmen der Erwerbslosigkeit und von Gewalttaten der zarischen Gendarmerie gegen demonstrierende Arbeiter und Bauern. Und schon schrieb der zwölfjährige Majakowski nach dem fernen Moskau Berichte an die Schwester: *Der erste Sieg gegen die zarischen Halsabschneider ist in Gurien erzielt worden; an die zweihundert von diesen Kötern haben dort ins Gras gebissen. Auch Kutais bewaffnet sich. In den Gassen tönen nur noch die Klänge der Marseillaise.* Kann man diesen Ernst, diesen Zorn noch kindlich nennen? Das ganze Jahr 1905 hindurch herrschten in der westgeorgischen Hauptstadt Kutais Unruhe und Aufruhr der Massen. Die Oberklassen des Gymnasiums und der Realschule waren aufgewühlt; Wolodja nahm teil an Schülerversammlungen und Straßenumzügen. Studenten fühlten mit den Arbeitern. Georgier mit den Russen. Wolodja fiel aus einer Begeisterung

Die Familie. Stehend: die Schwester Ludmila, der Vater. Sitzend: die Schwester Olga, Wladimir, die Mutter. Kutais, 1905

Die Stadt Kutais am Rion

in die andere, hatte jetzt weniger Sinn für Schulbücher als für klassenkämpferische Broschüren. *Zum Lernen keine Lust. Ich kriegte Fünfer. Wurde nach Tertia nur dank dem Umstand versetzt, daß ich am Kopf eine Wunde von einem Steinwurf trug (Keilerei am Rion): man hatte Mitleid mit mir beim Nachexamen. Für mich begann die Revolution folgendermaßen: mein Kumpan Isidor, Koch beim Priester, sprang vor Freude barfuß auf den Küchenherd: General Alichanow erschlagen! Der Bezwinger Georgiens. Straßenaufzüge und Kundgebungen gingen los! Ich ging auch los. Das war gut so. Malerisches Erleben: die in Schwarz sind Anarchisten, die in Rot Sozialrevolutionäre, die Blauen sind Sozialdemokraten, die übrigen Farben Föderalisten ...*

Der junge Mensch versuchte sich zurechtzufinden. Nichts war ihm einerlei. Er lernte die Dinge zergliedern. *Fürs ganze Leben beeindruckte mich die Fähigkeit der Sozialisten, die Tatsachen zu entwirren, die Welt zu systematisieren. «Was lesen?» – ich glaube, von Rubakin. Las alles dort Empfohlene durch. Vieles verstehe ich nicht. Stelle Fragen. Man führte mich in einen marxistischen Zirkel ein ...* Jetzt hatten die von Schwester Ljuda ins Haus gebrachten Empörergedichte den erlebten Bezug auf das erregende Zeitgeschehen. Zur Begeisterung trat die Schulung. Das im Jahre 1905 Geschaute hinterließ für immer im Bewußtsein Majakowskis den Eindruck von Schwung und Größe. Erst viel später festigte sich dieser Erfahrungskern zur Macht der ausgebildeten Überzeugung, die ihn als den

Dichter der russischen Revolution auszeichnet. Den Knaben, den jungen Burschen treibt es zunächst, durch persönliche Teilnahme an den revolutionären Ereignissen jene aktivierenden *Wurzeln der Romantik* zu rechtfertigen. Die ideelle Verknüpfung von Volksbewegung und Versgestaltung bleibt seitdem der Schlüssel zur Einsicht in sein Wesen. Als Majakowski auf der Höhe des Lebens und der Meisterschaft in der Schrift *Wie macht man Verse?* von den Metren spricht und die langen, «heroischen» Versfüße den kurzen, «heiteren» gegenüberstellt, schreibt er: *Aus irgendwelchen Gründen assoziiert sich bei mir die ganze erstgenannte Gruppe von Kindesbeinen an (etwa seit dem neunten Lebensjahr) mit «Unsterbliche Opfer, ihr sanket dahin ...», die zweite hingegen mit «Laßt uns entsagen den alternden Welten ...»* Prosodie und Poetik bleiben mit Demokratie und Politik gedächtnisverknüpft – seit dem revolutionären Erdrutsch im Kaukasus der Kindheitstage. Diesem Urerlebnis der Knabenzeit gesellt sich Maxim Gorkis «Sturmvogel»-Poem und die Bekanntschaft mit Büchern und Schriften von Bebel, Engels, Marx, die man im Zirkel vorliest und auslegt. Es hat einen Mittelschüler-Ausstand gegeben, man hat Knallkapseln springen lassen. Wolodja ist abgeordnet, dem Gymnasiallehrkörper mitzuteilen, daß die Schüler von nun an nicht mehr gewillt wären, den lehramtlichen Gottesdienst mitzumachen. In einem der Briefe Wolodjas aus Kutais nach Bagdady heißt es: *Wir hatten einen fünftägigen Streik. Hernach blieb das Gymnasium vier Tage gesperrt, weil wir in der Kirche die Marseillaise gesungen haben ... Gymnasium und Realschule traten in den Ausstand, und das hatte seine guten Gründe. Aufs Gymnasium hat man Kanonenläufe gerichtet, und in der Realschule gings noch höher her: die Geschütze fuhr man im Hof auf und verkündete: beim ersten Ausruf werde kein Stein auf dem andern gelassen ...* Im Forstmeisterheim veranstaltet die Gendarmerie Haussuchung. Ob es nichtgemeldete Handfeuerwaffen gibt. Wehe, wenn sie Vaters Repetiergewehr auffinden. Die Mutter vergeht vor Angst. Wolodja lächelt nur: längst hat er Vaters Schießeisen heimlich im Stadtkomitee der Sozialdemokraten mit den übrigen verstauen lassen. Wolodja will Volksredner werden, hält sich an den Modellfall Demosthenes: er geht zum Rion hinab und schmettert, mit dem Kieselstein im Mund, lange Tiraden gegen die Uferhänge. *Seinem Äußern nach gefiel mir Lassalle. Sicherlich, weil bartlos. Wirkte jugendlicher. Lassalle brachte ich mit Demosthenes durcheinander ...* Nun erfährt Wolodja die Feuertaufe auf einer Straße von Kutais, während der Polizeiaktion zur Auflösung großer Umzüge (man ehrte das Andenken des in Moskau am 18. Oktober 1905 getöteten Arbeiterführers Nikolaj Baumann durch Massendemonstrationen). *Da kriegte ich (hingestürzt) mit einem gewaltigen Ungetüm von Trommel eins übern Kopf. Das gab einen Mordsschrecken. Mir war, als war ich selber in Stücke zersprungen.*

Oben: Das Gymnasium in Kutais, das der Schüler Majakowski besuchte

Links: Das Majakowski-Denkmal vor dem Gymnasium in Kutais stellt den Dichter als Schuljungen dar

Majakowskis Vater war ein richtiger Waldhüne. Man hörte seine Rufstimme quer übers Tal des Chanis-Zchali. Von ihm hat der Poet nicht nur die Statur, nein, auch den sonoren Baßtuba-Rednerbrustton geerbt. Die Bauern, Heger, Fallensteller, Waldhüter, Jagdgehilfen, Holzfäller liebten Wladimir senior um seiner Gradheit, Gutmütigkeit, volksfreundlichen Gesinnung willen. Er hatte höhere Fachbildung, redete aber die Sprache des gemeinen Manns, war äußerst hilfsbereit und machte keinen Unterschied zwischen den Nationalitäten. Und dieser bärenstarke, schwarzbärtige Riese starb vor der Zeit – an einem Nadelstich. *Das Jahr 06. Vater starb. Hatte sich in den Finger gestochen (beim Heften von Schriftstücken). Blutvergiftung. Seither kann ich Nadeln nicht ausstehen. Wohlstand zu Ende. Nach Vaters Beerdigung saßen wir mit drei Rubeln da. Triebhaft, fieberhaft veräußerten wir sämtliche Tische und Stühle. Brachen auf nach Moskau. Wozu? Nicht mal Bekannte hatten wir dort* . . . Des Vaters Tod hat in Wolodja für immer zweierlei tiefere Empfindlichkeiten erweckt: schmerzvolle Erschütterung vor Schicksalstücken und vorsichtige Besinnung auf versteckte Gefahren. Die kleinste Verletzung, Hautabschürfung behandelte er mit Argwohn; jeden Teller im Büfett, das Tafelbesteck, den Türgriff, das Hartgeld, allen von fremden Fingerabdrücken vielleicht verunreinigten Hausrat betrachtete er als Infektionsherd. Handschuhe trug er wie Isolatoren, und die peinlichste Alltagshygiene wurde ihm fürs Leben zur zweiten Natur. Nie werde ich den Gesichtsausdruck physischen Ekels vergessen, mit dem er sich in eine schlecht gelüftete Autodroschke setzte. Die Aura fremder Ausdünstung bereitete ihm Übelkeit.

Eine bittere Zeit bricht an für die plötzlich entwurzelten Majakowskis. In Moskau studiert und arbeitet zwar die ältere Tochter Ludmila, Ljuda genannt, und sie hilft eine kleine Wohnung finden, am Bronnajagäßchen, doch reichen die Einahmen der Familie kaum für die Miete. Noch ist Wolodja voll von Reiseeindrücken. *Am allerschönsten war Baku. Bohrtürme, Zisternen, bestes Parfüm: Erdöl, dahinter Steppe. Ja sogar Wüste.* Hernach ist Moskau fast eine Ernüchterung; kalte Enttäuschung. *Mit dem Essen stehts arg. Pension zehn Rubel im Monat. Ich und beide Schwestern gehn zur Schule. Mama muß Untermieter und Kostgänger aufnehmen. Elende Stuben. Einwohner: arme Studenten. Sozialisten. Erinnere mich: erster «Bolschewik», der mir begegnet, Waßja Kandelaki.* Um etliche Kopeken bepinselt Wolodja hölzerne Ostereier für eine Volkskunsthandlung an der Neglinnaja, dann übt er Brandmalerei. Mit Mühe steigt er in die vierte Klasse des Gymnasiums Nr. 5 auf. *Unterm Pult der «Anti-Dühring». Belletristik galt mir nichts.* Was ihn anzieht, ist *Philosophie, Hegel, Naturwissenschaft. Aber hauptsächlich Marxismus.* Als Untermieter hat man zwei mittellose Studenten aus dem Kaukasus im Hause, beides Sozialisten, mit denen Wolodja gern Verkehr pflegt. Sie lehren den Knaben Marxens «Vorwort Zur Kritik der politischen

Ökonomie» schätzen. *Es gibt kein Kunstwerk, das mich mächtiger mitgerissen hätte.* Daneben liest er die «Taktik des Straßenkampfes» und verbirgt zwischen Schulbüchern ein bläuliches Büchlein: Lenins «Zwei Taktiken». Es gefällt ihm, *daß das Buch bis an den Satzspiegel beschnitten war. Zum leichteren illegalen Durchstecken. Ästhetik der maximalen Sparsamkeit.* Auch selbst betätigt er sich als Autor für eine kleine Gymnasiastenzeitschrift: «Aufschwung». Was er schreibt, *ist lyrisch geraten.* Er findet einen *derartigen Herzenszustand* mit seiner *sozialistischen Würde* unvereinbar, gibt das Schreiben auf und widmet sich mehr und mehr der konspirativ-revolutionären Betätigung. Zum Jahresbeginn 1908 tritt er der Russischen Sozialdemokratischen Arbeiterpartei, genauer: deren bolschewistischem Flügel, bei, verhehlt seine Jugendlichkeit und wird aktiver Propagandist. *Ging zu den Bäckern, später zu den Schuhmachern und schließlich zu den Druckern.* Rasch steigt er zum Funktionärrang auf, wird auf der Stadtkonferenz ins Moskauer Parteikomitee hinzugewählt und heißt jetzt «Genosse Konstantin». Am 1. März beschließt der Pädagogische Rat des Gymnasiums Nr. 5, Majakowski wegen Nichtzahlung des Schulgeldes aus der Anstalt auszuschließen. Die Spitzel ruhen nicht. Schon am 29. März deckt die Polizei eine Geheimdruckerei im Moskauer Stadtbezirk Grusiny auf. Mitten unter Flugzetteln und illegalen Zeitungsblättern wird Majakowski verhaftet. Findet noch Zeit, rasch sein Notizbuch voller Adressen *und einschließlich des Einbands zu verspeisen.* Er wird ins Polizeirevier Krasnaja Preßnja «überstellt». Die politische Ochranka liefert ihn ins Ssustschewer Revier beim Kommissar Woltanowski ein. Der veranstaltet mit dem Häftling ein Prüfdiktat; so soll dessen Fähigkeit, Flugblätter abzufassen, erprobt werden. Wolodja stellt sich dumm und kritzelt orthographische Unmöglichkeiten: «sotzijahldemigratisch». *Fielen drauf rein, vielleicht. Ließen mich laufen, gegen Bürgschaft.* «Genosse Konstantin» kommt frei, hat aber schon einen zweiten Decknamen: «der lange Kerl». Die Ochranka-Agenten lassen ihn nicht aus den Augen, rapportieren jeden Schritt, jede Begegnung.

Der Arbeiter J. Mortschadse war Majakowskis Mentor während der ersten Moskauer Jahre. Bildnis von Majakowski, 1908

Und trotzdem weiß er sich ihnen geschickt zu entziehen. *Etwa ein Jahr lang Parteiarbeit.* Im Regen, mit zerfetzten Stiefeln, läuft er kreuz und quer durch die Stadt, macht politische Botengänge, erfüllt die Aufgaben der Organisation. *Dann wieder kurz eingelocht. Man nahm mir den Revolver ab.* Die Behörde hat Majakowskis Minderjährigkeit festgestellt; sie spart den Zugriff für später auf. Im vermieteten Eckzimmerchen bei Majakowskis wohnt ein schmächtiger achtzehnjähriger Bursche. Der wird eines Tages nach Haussuchung festgenommen. Kurz darauf erfahren die Hausbewohner: man hat den jungen Menschen gehängt. Sein Stubennachfolger ist Absolvent der Moskauer Universität, jung, alleinstehend, völlig erwerbslos. Einmal kommt er am Abend nicht heim. Die Morgenzeitungen erwähnen ihn in der kleingedruckten Lokalchronik: hat sich unter einen Eisenbahnzug geworfen. Das rauhe Leben nimmt die Familie in die Zange. Wolodja beugt sich nicht; im Gegenteil, sein ganzes Wesen spannt sich zum Widerstand, mit einer stählernen Kraft, die er bald in Worte fassen wird.

Denunziation eines Ochranka-Agenten, in der Majakowski mit dem Decknamen («Wyssokij», langer Laban) bezeichnet wird. Moskau, 1908

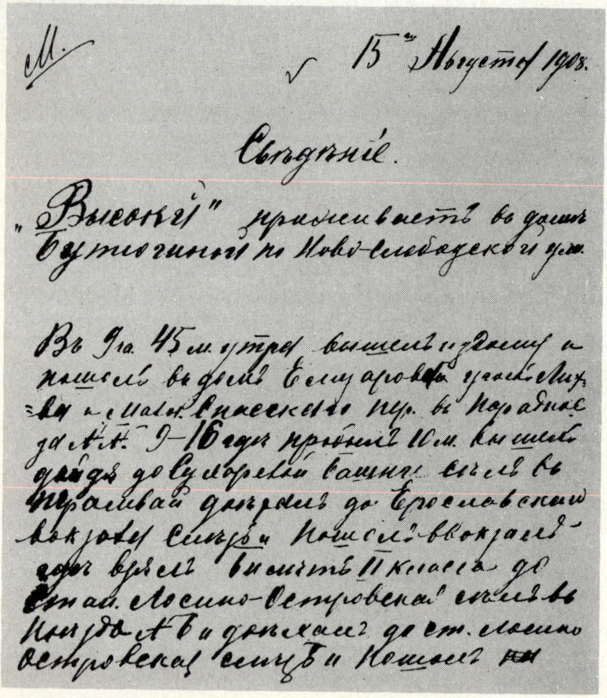
15 Августа 1908.

Сведение.

„Высокий" проживает в доме Бутыгиной по Ново-Слободской ул.

Karteiblatt der Moskauer Ochranka für Majakowski, 1908

Im Januar 1909 erfolgt eine neuerliche Verhaftung Majakowskis. Diesmal will man ihn einer Gruppe von «Expropriateuren» zuzählen, Männern, die durch Raubüberfälle dem Befreiungskampf Gelder zuleiten. Keine Spur eines Beweises, dennoch muß er sitzen. In einem Schreiben an Ljuda zählt er Bücher auf, die sie ihm ins Gefängnis schicken soll: Lehrbücher der Algebra und Geometrie, eine lateinische Grammatik, ein Deutschlehrbuch, Literaturgeschichte, Physik, Psychologie, Joseph Dietzgens «Wesen der menschlichen Kopfarbeit», Marxens «Kapital», Band I, die Werke Leo Tolstojs. Ende Februar wird Majakowski auf freien Fuß gesetzt.

Nun besucht er das Moskauer Stroganowsche kunstgewerbliche Technikum, das Dekorateure, Webmusterzeichner, Bühnenbildner, Ornamentalgraphiker und Graveure ausbildet. Um diese Zeit beteiligen sich die bei Majakowskis wohnenden revolutionären Studenten an der Vorbereitung einer großen Aktion. Es handelt sich um den Plan, weibliche politische Häftlinge, denen Zuchthausstrafen bevorstehen, aus dem Nowinski-Frauengefängnis zu befreien. Mutter und Schwestern Wolodjas nähen Kleider für die Flüchtlinge, in der Wohnung wird das Seil geteert, das wenige Tage später über der Außenwand des Gefängnisses herabhängen wird. Als die Polizei es bemerkt, sind dreizehn Frauen befreit und in Sicherheit. Die Fahndungen führen nicht zu Majakowskis, doch wird Wolodja ganz zufällig in der Behausung eines der Organisatoren dieser Fluchtaktion verhaftet. Er benimmt sich herausfordernd, wird vom Polizeihaus an der Basmannaja ins Mjasnizkaja-Revier gebracht. Ihm droht Verschickung nach Sibirien, in das Gebiet von Turuchan, für drei Jahre. In der Kollektivzelle betätigt er sich zeichnerisch, pädagogisch, gymnastisch, sportlich. Die Insassen wählen ihn zum Zellenältesten, er kennt die Normen der Gefängnisordnung und des gesetzlichen Strafvollzugs und verlangt deren Einhaltung. Er fordert von der Anstaltsleitung Zugeständnisse an die politischen Häftlinge, Erleichterungen, Vergünstigungen für die Zellenkameraden. Er stellt Verbindung mit der Außenwelt her, erkundet das Verhalten dieses und jenes Eingekerkerten in der Untersuchungshaft und bei den Verhören. Er wird nicht müde, zu lesen, zu lernen, übt sich im Zeichnen und Malen, ja, er geht so weit, mit ertrotzter Zustimmung der Behörde seine Mitgefangenen als Modelle posieren zu lassen. Zwei Tage nach einem Zusammenstoß und heftigem Wortwechsel mit dem diensthabenden Korridoraufseher, am 18. August 1909, wird Majakowski aus der Sammelzelle abgeholt und als aufsässiger Renitenzler ins Butyrki-Gefängnis übergeführt – in die Einzelzelle Nr. 103, wo man ihn für sechs Monate festsetzt. *Sehr wichtige Zeit für mich. Nach drei Jahren Theorie und Praxis stürzte ich mich auf schöne Literatur. Las das Neueste durch. Die Symbolisten: Belyj, Balmont. Mich packte die Neuheit der Form. Trotzdem wars fremdartig. Stoffe, Gestalten nicht aus meinem Leben. Versuchte ebensogut zu schreiben, doch von etwas anderm. Es erwies sich: auf gleiche Art von etwas anderm – das ging nicht. Was herauskam, war geschraubt und trübselig. Etwa solcherart: Wälder in Purpur- und Goldgloriolen, / Kirchturmkuppeln im Sonnenglanz. / Hunderte Tage, von Monden verhohlen, / harrte ich aus unterm Leidenskranz.*

Füllte mit solchem Zeug ein ganzes Heft. Meinen Dank den Gefängniswärtern; sie haben es bei meiner Entlassung beschlagnahmt. Sonst hätt ich's womöglich noch drucken lassen! . . . Nachdem ich die Jetztzeit durchgenommen, warf ich mich auf die Klassiker. Byron, Shakespeare, Tolstoj. Letztes Buch, «Anna Karenina», nicht ausgelesen. Nachts ward ich aufgerufen: «Mit Siebensachen raus in die Stadt.» So erfuhr ich nie, wie die Geschichte bei jenen Karenins dort ausgegangen ist. In der Nacht vom 8. zum 9. Januar 1910, als der Aufseher ihn aus der Zelle holt, durchlebt Wolodja eine Minutenspanne lang den Schock: – jetzt geht's nach Sibirien, in den Turuchansker Gau. Und es ist eine eisige Winternacht. Wieder rettet ihn der Geburtsschein: er ist erst siebzehn. *Schuldig, doch minderjährig. Ist unter Polizeiaufsicht zu stellen, und die Eltern sind haftbar zu machen.* So zitiert er ironisch den Befund des Strafaktes. Zeit, ein

Schülerarbeit Majakowskis. Ölstudie, 1909

Mann zu werden? Das ist er längst geworden. *Mich hat man / aus Quarta hinausgeworfen. / Man stieß mich herum zwischen Moskauer Kerkern.* Erster Tag der wiedergewonnenen Freiheit – und schon stellt er sich die Frage: was weiter? *Bin Ignorant. Muß richtigen Lehrgang durchmachen ... Wird die Revolution nicht eine ernsthafte Ausbildung von mir verlangen? ... Unterbrach die Parteiarbeit. Setzte mich hin und lernte.*

Die früheste Schulung war die politische gewesen. Mehr als zwanzig Jahre später, in seinem fragmentarischen letzten Poem *Mit aller Stimmkraft,* hat Majakowski die Selbstverständlichkeit dieses Bildungsweges markiert: *Wir öffneten Karl Marx, wohl Band um Band, – / so öffnen wir daheim die Fensterladen; / doch hätten wir auch ohnedies erkannt, / wo unser Feind lag, wo die Unsern lagen.*

Den richtigen Welteinblick hatten Majakowski seine Tage der frühen Illegalität, die Zirkelabende, die Gefängnisse, die Polizeireviere,

die Hausdurchsuchungen, die politischen Mithäftlinge, die Streitgespräche der Kollektivzelle, die Lesestunden der Einzelhaft so gründlich beigebracht, daß den Heranreifenden kein Hauch eines Zweifels mehr anwandelt: ob Rußlands Weg zur sozialistischen Demokratie, zur Staatsmacht der Arbeiter und Bauern wirklich über eine Revolution führen müsse und ob dies der historisch gebotene nationale Weg sei. Vor diesem Aspekt, in diesem Zusammenhang und Aufgabenkreis fühlt er sich zur Lösung spezifisch künstlerischer Obliegenheiten berufen. Nur steht noch durchaus nicht fest, ob dieser innere Auftrag auf das Feld der bildenden Künste oder aber in den Raum der Dichtung weise. *Überlegte bei mir: Verse schreiben kann ich nicht. Bisherige Versuche jämmerlich. Wende mich der Malerei zu. Lernte bei Schukowski. Pinselte in Gesellschaft irgendwelcher Dämchen allerhand silbernes Tafelbesteck. Nach Jahresfrist dämmerts mir auf: lerne Kunstgewerbe. Ging zu Kelin. Realist. Guter Zeichner. Noch besserer Lehrmeister. Hart, wandelbar. Forderung: Meisterschaft. Holbein. Welcher das Niedliche verabscheute.* Von Meister Kelin vorgeschult, läßt er sich in die Moskauer Lehranstalt für Malerei, Bildhauerei und Baukunst einschreiben, die einzige Bildungsstätte, wo man ohne behördliches Leumundszeugnis aufgenommen wird. Mit Eifer sitzt er ein Jahr lang *überm Kopf*, erforscht Schädelformen und Gesichtsanatomie, guckt freilich auch gehörig um: was gibt's für Strömungen, wie machen's die wagemutigen Neuerer? *Erstaunlich: Nachahmer verhätschelt man, Eigenwillige schmeißt man raus. Stellte mich dank Revolutionstrieb auf die Seite der Rausgejagten.* Novembermitte 1911, ein Herzschlag hat einen der großen Maler Rußlands dahingerafft: Sserow. Um das offene Grab stehen Sserows berühmte Kollegen versammelt: Wasnezow, Perwuchin, Bakschejew, Leonid Pasternak. Auch der Dichter Valerij Brjusov ist erschienen, die Theaterleute Stanislawskij, Nemirowitsch-Dantschenko, Sumbatow-Jushin, der Dirigent Kussewitzky erweisen Sserow die letzte Ehre. Da ergreift ein hochgewachsener Kunstschüler das Wort, seine starke, tiefe Stimme füllt den Friedhof mit menschlicher Wärme. Ein mächtiger, breiter Mund lenkt aller Augen auf sich. Ihm entströmen erregte Sätze, die an alle Kühnheit und schöpferische Unruhe appellieren: es diesem Meister gleichzutun, der Abgelebtes verwarf, über Errungenes hinwegschritt, sich niemals mit Gefestigtem zufriedengab und unerschrocken allzeit neue Wege suchte ...

Der Sinn dieser ungewöhnlichen Grabrede war: Jünger unseres teuern Toten! traut euch das Unerhörte zu! ... Man fragt nach dem Namen des jungen Brausekopfs. Und man erfährt: Majakowski, Beauftragter der Zeichenklasse, von der Lehranstalt für Malerei. Einige ältere Herren fühlen sich schockiert. Der vorlaute Bursche hätte besser Schaubudenausrufer werden sollen, meinen sie. Malwerk brauche kein Maulwerk.

Der Malschüler. Moskau, 1910

Bildnis der Schwester Ludmila. Von Majakowski gemalt, 1911

Doch bald erweist es sich, daß Wolodja Majakowski nicht der einzige Feuergeist im Gehege seiner Zeichenklasse ist. *In der Anstalt ist Burljuk aufgetaucht. Überdreistes Auftreten. Stielbrille. Gehrock. Trällert beim Gehen vor sich hin. Konnte nicht umhin, mit ihm anzubinden. Wären uns beinahe in die Haare geraten.* Der plumpe Kerl mit dem Lorgnon heißt David Burljuk, ist ein Poet, ein Malkünstler, ein Aufrührer, Übertreiber, Stürmer und Dränger. Aus den zwei Rivalen werden zwei unzertrennliche Gefährten. Freunde fürs Leben. Einmal verlassen sie gemeinsam ein langweiliges Konzert. *Gingen zusammen bummeln ... In David steckt der Zorn des seinen Zeitgenossen vorausgeeilten Meisters. In mir das Pathos des Sozialisten, der um den unausbleiblichen Untergang des alten Plunders weiß.* Die beiden passen zueinander. Burljuk findet Gefallen an dem neuen Kameraden mit dem mächtigen Kopf, den riesigen Händen, dem breiten Wesen. «Ein fulminantes junges Roß!» ruft David begeistert.

Geburtsstunde des russischen Futurismus nennt Majakowski später diese Begegnung. *Im Laufe des Tages entstand bei mir ein Gedicht. Richtiger: Fragmente. Elendiges Zeug. Nie im Druck erschienen. Nacht. Ssretensker Boulevard. Lese Burljuk die Verse vor. Erläutere: von einem meiner Bekannten. David bleibt stehen. Faßt mich ins Auge. Platzt los: «Das haben Sie doch selber geschrieben. Sie sind ja ein genialer Dichter!» Anwendung eines so erhabenen und unverdienten Epithetons auf mich erfüllte mich mit Freude. Ich ging ganz auf in Versen. An diesem Abend ward ich völlig unverhoffterweise zum Poeten ...*

Schwer zu sagen, wer mehr überrascht ist: der schlaksige lange Lulatsch in Schlapphut und Regenumhang mit Bohème-Halsbinde oder der dickliche, gedrungene, plötzlich ernst gewordene Spaßvogel im karierten Stutzeranzug. Burljuk hat noch keine Ahnung, welche Kettenreaktion gewaltiger Kräfte er bei seinem ungelenken Schul-

1912

kameraden in diesem Augenblick ausgelöst hat. Noch ist's kein Gespräch von gleich zu gleich unter Männern. Es folgen verwegene *Eulenspiegeleien Burljuks.* Als er, schon am nächsten Morgen, Wolodja irgendwem vorstellt, brummt er im tiefsten Baß: *«Sie kennen ihn nicht? Mein genialer Freund, der berühmte Dichter Majakowski –» Versetze ihm einen Rippenstoß. Doch Burljuk ist unerbittlich. Brüllt noch im Weggehen: «Jetzt schreiben Sie. Sonst bringen Sie mich in idiotischste Verlegenheit.»* Es konnte nicht ausbleiben, daß Majakowski diesen Kumpan für seinen Lehrer hält. *Burljuk hat mich zum Dichter gemacht. Las mir Franzosen und Deutsche vor. Steckte mir Bücher zu. Immer auf den Beinen, redete unaufhörlich. Ließ mich nicht von seiner Seite. Schenkte mir tagtäglich fünfzig Kopeken. Damit ich schreiben könne, ohne zu hungern. Zu Weihnachten lud er mich zu sich nach Nowaja Majatschka. Ich brachte mein Hafengedicht und anderes mit.*

Die Kunstschule in der Roshdestwenskaja-Gasse war eine Pflanzstätte bornierten Kulturbeamtentums. Hier herrschten Schlendergang und Tretmühle. Hier blühten Schablone und Routine. Auf diesem Hintergrund gewann der Student Burljuk mit seiner modernistischen Kunstkennerschaft, Unabhängigkeit, Neigung zum Paradoxen in Majakowskis Augen den Strahlenkranz des prometheischen Empörers. *Kehrten aus Majatschka zurück. Wenn auch mit ungeklärten Anschauungen, so doch mit geschärften Temperamenten. In Moskau Chlebnikow. Dessen stille Genialität war für mich damals völlig überschattet vom brodelnden David. Hier tat sich auch der futuristische Jesuit des Wortes um: Krutschenych. Nach mehreren Nächten Lyrik brachten wir ein gemeinschaftliches Manifest zur Welt. David ordnete, schrieb es um, zu zweit gaben wir ihm einen Namen und machten es publik: «Eine Ohrfeige dem öffentlichen Geschmack.»*

Weshalb so stürmisch? Wie sah es damals aus in der russischen Literatur? Zwei einander nur scheinbar widersprechende Strebungen herrschten vor im Bestand des konservativen, halbfeudalen, groß- und kleinbürgerlichen Schrifttums. Seit der Niederlage des sozialen Ansturms von 1905/06, der später als «Generalprobe der Revolution» bezeichnet werden sollte, hatten sich einerseits wirre Verdüsterung, weltanschauliche Trübsal und politische Schwarzseherei breitgemacht. Diese melancholische, vergrämte Geistesrichtung «hielt Einkehr» (Sinaida Hippius), «suchte Gott» (Mereschkowskij), spielte mit dem «Eigenleben der schönen Form» (Balmont). Sie predigte Gleichgültigkeit gegen das öffentliche Leben, gegen Gesellschaft und Staat, stellte religiöse Spekulationen an und verband ein mysteriöses Getue ganz hübsch mit genußfroher Unflätigkeit und schlüpfrigem «Liebeskult» (Arzybaschew). Andererseits konnte dieser Passivismus und Pessimismus recht aktiv, voluntaristisch und aggressiv die

Von links nach rechts, stehend: N. Burljuk, D. Burljuk, Majakowski. Sitzend: W. Chlebnikow, G. Kusmin, S. Dolinski. 1913

Der italienische Futurist Filippo Tommaso Marinetti. Aufnahme aus dem Jahre 1933

Geißel des Hohns und Hasses schwingen, wo es ums Aufflackern der geschlagenen Arbeiterbewegung ging, und die ewig Jenseitigen wurden alsogleich sehr diesseitig, sobald und sooft sie ihrer Abneigung gegen das bloße Begriffsbild der sozialen Revolution Luft machten. Dies also war der komplexe Popanz «öffentlicher Geschmack», gegen den sich die jugendlich-futuristische «Ohrfeige» des Burljuk-Majakowskischen Kunst-Ediktes richtete.

Waren diese «dekadenzlerischen» Strömungen durchaus auf einen Nenner zu bringen in ihrer Abkehr vom Sozialen und (schon gar) Sozialistischen, in ihrem Abscheu vorm «demokratischen Bodensatz», in ihrer Wut gegen die «Massen», so zerfielen sie auf der anderen Seite schroff in feindliche Lager, in eifersüchtig widerstreitende Gruppen und Schulen. Den frühesten und auch stärksten Zweig bildeten die Symbolisten (mit Andrej Belyj und Balmont im Vordergrund), diese verschatteten Sinnbildner des Übersinnlichen, die dem freireligiösen «heiligen Schauer» frönten, allerlei «Seligkeiten des Nichtseins» verherrlichten und sehr viel übrig hatten für unterschiedliche «Weisheitslehren vom Tode». Aus ihrer Mitte löste sich nach dem Oktober 1917 Valerij Brjusov, der poetische «Schriftgelehrte», Vielwisser, Geschichtsfreund und intellektuale Patriot, und trat den Bolschewiki bei. Auch Alexander Blok nahm unter den Symbolisten dank seiner Abwendung vom Subjektivismus eine Sonderstellung ein, suchte seit dem Scheitern der Volkserhebung von 1905 den Weg zur realistischen Lyrik, brach mit der «furchtbaren Welt» der bürgerlich-gutsherrlichen Gesellschaft, begrüßte in dem Poem «Die Zwölf» 1918 die sozialistische Revolution und begann, wie Brjusov, tatkräftig am Aufbau einer neuen Kultur mitzuwirken, wiewohl ihm deren eigenstes Wesen verschlossen blieb. Schon um 1910 trat den Symbolisten eine Schule entgegen, deren Anhänger sich «Akmeïsten» nannten. Auf griechisch bedeutet «akme» soviel wie Gipfel, Höhepunkt, und dieses Grüppchen gab vor, durch die symbolistischen Nebel zum klareren Weltbild der lichten Höhen aufsteigen zu wollen. Doch auch der «Akmeïsmus» verharrte bei der «priesterlichen» Natur des Dichters und beim Vollzug verstiegener pseudophilosophischer «Weihehandlungen», so daß die radikale und realistisch interessierte Jugend in «akme» nurmehr den Gipfel der Altersschwäche erblickte. Sie selber, diese Jugend, huldigte nun dem Futurismus. Der Begriff kam aus Italien. Filippo Tommaso Marinetti hatte 1905 in seinem «Manifesto futurista» für eine neuzeitlich-technokratisch veränderte, ja revolutionierte Kunst geworben, die ihr Schönheitsideal dem Tempo und Temperament des industriellen Menschen anzupassen wüßte. Ein Jahrhundert sei angebrochen, dessen Sinnbilder Kraftfahrt, Flugzeug, Stromlinienform, Kurbelwelle, Stahlgerüst und Elektromotor wären, nicht Säulenhalle, Lyra und Odenvers. Zwar hatte der italienische «futurismo», der alsbald eine Vernunftehe mit der Kriegslüsternheit der Monopolisten, Finanzkapitalisten, Kolonialpolitiker (später: Mussolinis) einging, wenig gemein mit dem «futurism» des russischen Kunstintellektuellen, der sich eine wirksame Handhabe gegen bürgerliches Ästhetentum, symbolistische Salonkunst und französelnd-dekadente Überfeinerung wünschte. Fast könnte man im russischen Futurismus (politisch betrachtet) eine Umkehrung des italienischen erblicken. Die Symbole «Stadt, Fabrik, Maschine, Triebwerk» hatten in Rußland freilich etwas Antisymbolistisches, und das war bestechend genug. Dahinter stand der Gedanke an den einstweilen geschlagenen, aber nicht schlafenden Riesen: Arbeiterschaft. Gern übersah man also: daß der Futurismus an der asozialen, absoluten «Freiheit» des Künstlers festhielt, einen neuen (zunächst negativen) Ästhetenkodex aufstellte, in der Dichtung «das Wort als solches» verabsolutierte, am Vers die bloße «Intonation und Klangfarbe» interessant fand, letzten Endes ein neues «l'art pour l'art»-Ideal aufstellte, wobei dem bekämpften symbolistischen und akmeïstischen «Jenseits» ein nicht minder gespenstisches technokratisch-mystifiziertes «Diesseits» gegenüberstand.

Man lief vor der «Weltflucht» der reaktionären Ästheten davon und lief neuerdings am Leben vorbei. In der bildenden Kunst warf man zusammenhanglose Farbbatzen und -spritzer auf die Leinwand, montierte Blechstücke, Drahtrollen, Fischgräten auf Laubsägeblätter. Aufs literarische Feld pflanzte man Brocken einer Geheimsprache hin, die, jeder Deutbarkeit entrückt, dem elementaren Klangeffekt frönte. Der sinnentblößte, auf sich selbst gestellte Skandierrhythmus tönt noch in späteren Wortkunstwerken Majakowskis nach, die längst wieder zur Kernfunktion des Verses, «Äußerung», «Aussage», ja «Mitteilung» zu sein, zurückgefunden haben: *Träger Tage Trott: / der Jahre Büffelgespann. / Wettlauf rührt als Gott / des Herzens Trommel uns an. // ... Frohsinn! Frühjahr! Tag! / Herz, pulse ihn, sing und saug! / Schwing den Schlägel, schlag / des Busens Kupfergepauk!*

Diese Bruchstücke aus *Unser Marsch* (1917), einem wenige Tage nach der Oktoberrevolution aufs Papier geworfenen, in der «Futuristenzeitung» vom 15. März 1918 erstveröffentlichten Gedicht zeugen von einem in den Umsturztagen geprägten Klanggenre. Mit *Unser Marsch* begründete Majakowski die Gattung des sprechrhythmischen Marschgedichts, die zu seiner Tribünenlyrik gehört. Ein Merkmal dieses Paukenschlaggenres, ja seine unübersetzbare Eigenart, ist die harte, gleichsam stampfende Aneinanderreihung betonter einsilbiger Wörter: «dnèj bỳk pjèg», «nàsch bòg bjèg» in den Kurzstrophen, bei wechselndem Strophenrhythmus. Dieses sehr populär gewordene Gedicht, dem weitere Marschgedichte folgten, ist noch 1918 mehrfach vertont worden, doch wird bezeugt, daß marschierende Rotgardisten und Teilnehmer von Demonstrationszügen oder Kundgebungen das Gedicht lieber sprachen als sangen: es trug seinen Trommelschlag in sich. Es war selber Schlagzeugmusik. Es zeigt jenen Entwicklungsabschnitt der Frühzeit überwunden, wo der dichtende Malschüler Majakowski, noch nicht frei von Nachwehen seiner Balmont-Lektüre im Butyrka-Gefängnis, mit Worten noch nicht Marschmusik machte, sondern malte. Es war mehr das Auge des Malereistudenten als das Ohr des Wortkünstlers, mehr Pinselstrich als Federführung, was aus den Versen seiner Burljuk-Periode spricht, wiewohl der futuristische Wille schon vortritt: *Glutrotes, Weißes – Knüllfetzen von gestern. / Schon ins Grün werfen Fäuste Dukaten. / Und in schwarze Handteller von Fenstern / preßt jemand gelb aufflammende Karten.*

Natürlich erstrebte der Futurismus die Beseitigung der letzten Gebote klassizistischer Formenstrenge. Die Ersetzung des reinklingenden Reimes durch die Anklangtechnik (im Original des vorliegenden Vierzeilers lauten die Assonanzenpaare: «skòmkan – dukàty – òkon – kàrty») wurde weitergetrieben.

Und doch darf die Futuristentreue Majakowskis keineswegs überschätzt werden. Gewiß imponierte dem radikal und antiakademisch

1918

fühlenden jungen Kunstadepten die lautstarke Rebellion und «camaraderie» dieser Gruppe, deren Experimente oft nur Blendwerk boten und deren Kunststücke zumeist die Kunst in Frage stellten. Obgleich die futuristischen Produktionen sich als Selbstzweck ausgaben, verriet ihr markanter Aufwand nur allzuoft den Zweck, die Aufmerksamkeit jenes «öffentlichen Geschmacks», dem der Krieg erklärt worden war, gar mächtig auf sich zu lenken. Im Grunde buhlte man um die Gunst der verachteten, «geohrfeigten» Aussteller, Verleger und Redakteure. Der lernende Majakowski aber, der alle Reize dieses Milieus empfänglich aufnahm, jeden Eindruck tief durchlebte, rang mit größter Anspannung nicht um die neue «Form an sich», sondern um die neue Form als Ausdrucksmittel neuer, noch unerhörter Inhalte. Die Verwickeltheit der Form bei Majakowskis früher Lyrik verrät nur den Schwierigkeitsgrad dieses ehrlichen Ringens. Es ist bezeichnend, daß Maxim Gorki, der den Bestrebungen jener Jugend mit wohlwollendem Interesse folgte, einmal gesprächsweise die Äußerung tat: «Genau gesagt gibt es gar keinen Futurismus; da ist nur ein Wladimir Majakowski. Ein Poet, ein großer ...» Und weiter: «Er ist jung, erst zwanzig, vorlaut, ungezügelt, doch zweifellos steckt in ihm irgendwo die Begabung ... Ich habe sein Gedichtbüchlein durchgelesen. Da war etwas, das mich stutzig machte. Geschrieben mit echtem Wortgut ...» Gorki drückte hinsichtlich der «tabula rasa»-Exzesse Majakowskis, die ihn zuzeiten zum Nachbarn der Proletkult-Leute und Verleugner jedes geistigen Erbes machten, ein Auge zu. Majakowski war Mitverfasser und Mitunterzeichner der Sätze gewesen: *Vergangenheit ist eng. Akademie und Puschkin weniger begreiflich als Hieroglyphen. Puschkin, Dostojevskij, Tolstoj etc. etc. sind vom Schiffsbord der Jetztzeit hinabzuwerfen* ... Zu dieser nihilistischen Anwandlung paßt die noch zwei Jahre später (1914) veröffentlichte formalistische Erklärung Majakowskis: *Der Schriftsteller wölbt nur die kunstvolle Vase zurecht; ob dann Wein oder Spülicht hineingefüllt wird, ist einerlei. Ideen, Kunstinhalte gibt es nicht. Jede namenlose Tatsache läßt sich in ein sinnberückendes Netz aus Wörtern verstricken ... Nicht die Idee gebiert das Wort, sondern das Wort gebiert die Idee.* Hier zeigten sich Schwankungen, Verirrungen an, vorübergehende Halsstarrigkeiten, die den ideologischen Druck und Einfluß seines damaligen pseudorevolutionären Milieus andeuten, jener Manifestanten und Formlaboranten, Marktschreier, «Zukünftler» und «Karo-Buben», denen zuliebe er während seiner Vortragsreisen als mitverschworener «Kubo-Futurist» seine berühmte oder berüchtigte *gelbe Jacke* trug: pour épater le bourgeois. Wogegen die Futuristen wetterten, das war nicht die Wirklichkeit der bestehenden sozialen Daseinsformen, sondern die Schattenwelt der hergebrachten künstlerischen Ausdrucksformen. Die Geschichte lehrt, daß diese antitraditionellen Ismen trotz ihrem vorgeblichen Sturmlauf gegen das Überholte sich mit der kapitalistischen Gesellschaft ganz vortrefflich vertragen. Sie mixen ins Einerlei der Epigonenpraxis Abwechslung herein, sie bringen Leben in die Bude. Vielleicht fühlt man als Bourgeois eine Gänsehaut. Man belacht, beklatscht, bezahlt auch die Gänsehaut. Hauptsache: an die realen Wurzeln der realen Ordnung ist nicht gerührt worden. Radau ist harmlos. Auch wenn man als Kerl dafür relegiert wird. Bärtige Professoren sind auch mal kindisch. *Die Generalität der Kunst zeigt die Zähne. Fürst Lwow. Direktor der Lehranstalt. Verordnete, Kritik und Agitation zu unterlassen. Weigerten uns. Der «Künstler»-Rat warf uns aus der Schule. Lustiges Jahr. Kreuz und quer durch Rußland. Abendveranstaltungen. Vorlesungen. Gouverneure spitzten die Ohren. In Nikolajew gebot man uns, weder Obrigkeit noch Puschkin zu erwähnen. Polizei unterbrach oft Vortrag mitten im Wort ...*

Gewiß darf nicht übersehen werden, daß Majakowski diesen ihm geistesfremden Einwirkungen lange ausgesetzt war, ihnen bis in die Entscheidungsphase der Revolution hinein seinen Schaffenstribut

Die Maler W. Tschekrygin, L. Shegin und Majakowski im Moskauer Petrowski-Rasumowski-Park, 1913

entrichtete, ja auch später noch geraume Zeit für ihre Nachwehen anfällig blieb. Es waren zwar aufstachelnde, aber nicht fördernde Einflüsse; sie zeigten eher, wie die alte Welt sich an des Dichters Rockschöße festklammerte, bis er Kraft fand, sie abzuschütteln. In der Folgezeit hat er den Wert seiner frühen Experimentalerzeugnisse selber angezweifelt. Zwanzig Tage vor seinem Tode äußerte er in einer Jungarbeiterversammlung des Stadtbezirks Krasnaja Preßnja: *Jene Sachen waren die verworrensten und sie brachten es am häufigsten mit sich, daß man von Unverständlichkeit sprach. Darum erhob sich bei späteren Arbeiten vor mir die Frage der Verständlichkeit ganz von selbst, und ich trachtete meine Arbeiten schon so zu vollbringen, daß sie einem größtmöglichen Hörerkreis zugänglich würden ...* Drei Umstände wären zu nennen, die den inneren Klärungsprozeß des Dichters begünstigten. Da war erstlich der echt revolutionäre ideelle «Sauerteig» aus den Tagen von Majakowskis eifriger Betätigung im Moskauer bolschewistischen Untergrund. Zweitens war da die mächtige Ausstrahlung Maxim Gorkis, der um 1910, als Majakowski das Gefängnis verließ, es schon unternahm, in seinen Geschichten vom Städtchen Okurow die muffige Spießersphäre zu geißeln, dieselbe, der er in seinen Erzählungen aus Italien den Glauben an die Lebenserneuerung durchs Arbeitervolk werbend entgegenhielt. Drittens und nicht zuletzt war eben die Zeitspanne der lethargischen Ernüchterung, die Leidensperiode der Stolypinschen Reaktion, die Welle strafloser Pogrome, Massenmorde, Gewaltakte der vom Zarenregime geförderten «Schwarzen Hundert» zu Ende; eine merkliche Belebung der aufbegehrenden Werktätigen, eine Verstärkung der Streikkämpfe (man denke an die Arbeiterunruhen auf den Goldfeldern am Lena-Strom in Sibirien, 1912), ein neuer revolutionärer Aufschwung weckte frische nationale Hoffnungen. Es schien wieder vorwärtszugehen: Rußlands Geschichte hatte den toten Punkt überwunden. Majakowski stellte sich seine Lebensaufgabe: *Ich will die sozialistische Kunst machen.* Von der Wurzel her angefault sah er die russische Bürgerkultur, prostituiert die Kunst der herrschenden Klasse, entlarvt ihre käuflichen Idole, ihren unsauberen Schönheitskatechismus. Es galt, die Gilde der Künstler auszutreiben aus dem Boudoir, drin die *manierliche Amts-Dame der Engels-Liga waltete. Die Dichtung war zum Niveau des Petersburger Café-chantant-Rummels herabgesunken. Dabei hatte sie gerade jetzt, wo die Gewitterwolke eines Weltkriegs aufzog, höhere Aufgaben, als behilflich zu sein bei der Auswahl von Likören nach Sewerjanins Preiskurant oder den schlafengehenden Bourgeois mit den Romanen einer Werbizkaja zu kitzeln ... Natürlich, jedem ists angenehm, im rosa Eigenheim das Töchterchen mit Balmonts Puder zu parfümieren, etliche Brjusovsche Verse für eine Plauderei nach Tisch zu memorieren, eine Gemahlin mit geschminkten Augen sein eigen zu nennen, Augen, die von Anna Achmatowas Schwermut schimmern ...* (*Poeten auf Sprengkörpern*, 1914). Ein Gedicht *Da habt ihr!* eröffnet (1913 verfaßt) eine ganze Kette von Demaskierungspasquillen ähnlicher

Tonart und Heftigkeit: *In einer Stunde wälzt sich von hier in die Gassen / Mann um Mann, euer Schmalz, euer Schmutz; / doch ich erschloß euch die Kästen und Kassen / verschwenderischer Worte, vergeudeten Guts. // Ihnen, mein Herr, hangt vom Schnurrbart runter / als Kohlsuppenrest eine Faser Kraut; / und Sie, Frau, blicken gepudert nicht bunter – / als die Auster / aus der / Muschel schaut. // Auf Schmetterlingsflügel stampft ihr mit Galoschen / und tretet poetische Funken aus, / vertiertes Gezücht, bis die Farben erloschen / unterm Schreiten der tausendköpfigen Laus. // Wenns heut / mich reut, / den Hunnen euch räudig / vorzugaukeln, zu gar nichts nutz, / dann spei ich ins Antlitz euch / kichernd und freudig! / Ich Wortfex, Vergeuder unschätzbaren Guts.*

Zweifelsohne enthält das *Wortfex*-Attribut ein Quentchen Selbstironie, ebenso der nichtsnutzige *Hunne*. Hatte der Dichter doch erst unlängst (Anfang 1913) in futuristischer Haltung folgende Sprachbilder geprägt: *Ich wischt' über des Werktags Karte, / Farbspritzer aus dem Becher flogen; / ich wies auf kalter Schüsselschwarte / des Ozeans Kinnbacken-Wogen. / Blechfisch – von seinen Schuppen treten / Aufrufe neuer Lippen vor. / Tja, könnten Sie / ein Nachtlied flöten / auf einem Wasserleitungsrohr?*

Deutlich redet aus diesen Produktionen, aus dieser laboratorisch erschaffenen Sprache nicht nur die Ateliergesinnung des angehenden Malers, Farbmischers, sondern ebenso deutlich auch die scharfkantige Realistik vom russischen Urbanismus her. Nicht als ob Majakowski in naive Zivilisationsbegeisterung verfallen wäre, im Gegenteil: wie schon Gogol in seinen Petersburger Novellen und dann deutlicher Nekrasov in seiner sozialen Anklägerlyrik, enthüllt Majakowski die kapitalistische Stadt als Bedrohung, Unheilsbereich, Lebensfalle für den gemeinen Mann. Auf diese Verwandtschaft Majakowskis mit Nekrasovs Bilderwelt von der Gnadenlosigkeit der Stadt hat Anatoli Lunatscharski nachdrücklich hingewiesen. Aber gerade Lunatscharski (wie später auch Assejew und Tretjakow, Majakowskis Kameraden) erfühlte bei dem poetischen Sohn des Südens auch eine sonderbare Gefühlsdialektik, die Nekrasov fremd gewesen war: hinter Majakowskis Anklage, auch wo sie dröhnte und donnerte, stand allzeit eine fast weichherzige Schmerzlichkeit, Versehrbarkeit, eine an Mitleid grenzende Herzensmilde, ja Sanftmut. Vielleicht könnte man sie wesenseigene und gefühlsmäßige Humanität nennen. Lunatscharski bezeichnete diesen Empfindsamkeits-Hintergrund Majakowskis als seinen «inneren Doppelgänger». Lunatscharski schrieb: «Er fühlte: eine gußeiserne Zeit ist angebrochen, eine grandiose Zeit – und ich selber bin so, habe eine wuchtige Muskulatur, mein Herz schlägt wie ein Hammer, ich vermag wirklich mit starker, mächtiger Stimme zu mächtigen Massen zu sprechen. Und das will ich tun ... Aber der Doppelgänger begann mit einer Geigenstimme zu singen, und dann war der eine Majakowski vom anderen nicht mehr zu trennen.» Man weiß vom Bekenntnis dieses Poeten, das er noch im Sterbejahr 1930 so gewaltig vor die Mitwelt hinstellte: *Auch ich schriebe Goldschnitt*

Nikolaj Nekrasov

und Fliederstrauß, – / das wär was für Scheckbuch und Seele. / Doch ich bezwang mich, trat bebenden Hauchs / dem eigenen Lied auf die Kehle. Hier klafft das produktive Lebensdilemma (und keineswegs ein «Allzumenschliches») in diesem einzigartigen Künstler, der vielleicht gerade dank dieser Ambivalenz zum besten, maßgeblichsten Repräsentanten der russischen Revolution in der Dichtkunst überhaupt erwachsen ist. So sehr ihm auch darum zu tun war, jenen «Doppelgänger» aus seinem Schaffen hinauszudrängen, ist es ihm (zum Glück) doch niemals ganz gelungen. Ist der «Doppelgänger» etwa der saitenschlagende, lautenzupfende Kleinbürger gewesen? Die Frage ist klar beantwortbar. Lunatscharski gibt Bescheid: «Es war dies eine große Begier nach Zärtlichkeit und Liebe, eine große Begier nach überaus intimer Teilnahme, ein stärkstes Mitleid mit der Umwelt, ein solches Mitleid, daß Majakowski imstande war, sich einem gepeinigten Pferde an den Hals zu werfen.»

Wer von Majakowskis Urbanismus als einer Tendenz zur technokratischen, metallenen Kälte spricht, der erinnere sich dieser Stimme: *Ich schaute / in die Augen des Gauls hinein . . . / Und kopf stand, umstürzend, die Straßenzeile . . . // Trat hin, sah: Träne um Träne träuft, / rinnt über die Backen, / versiegt in der Mähne . . . / Und tierische Schwermut, die überläuft, / brach strömend aus mir / in verrauschender Strähne. // «Mein Pferd, nicht weinen. / Ich kenn die Beschwerde – / wer sagt Ihnen denn, Sie sei'n weniger wert? / Kindchen, wir alle sind ein wenig Pferde, / jeder von uns ist auf seine Art Pferd.»*

Diese Vehemenz des Liebesbedürfnisses, Wärmebegehrens, wendet sich durchs Tier hindurch an den Menschen; auch die Sonne wird zum Medium des Sympathieanspruchs: *Ich tätschle sie, als guter Freund, / mit derben Schulterschlägen. / Die Sonne meint: «Weißt du, mir scheint, / wir sind zwei Fachkollegen! / Komm mit, Poet, laß uns zu zwein / die graue Welt belichten. / Ich lege los mit meinem Schein, / und du halt – mit Gedichten.»* Zweifellos gab es in der gleichzeitigen Kohorte der deutsch-expressionistischen O Mensch!-Lyrik ähnliche Schicksale, gleichlaufende Veranlagungen. Doch stand Majakowski (was ihn von den mitlebenden Dichtern deutscher Zunge historisch unterschied) auf dem reichlich vorgepflügten Boden eines machtvoll vorherrschenden kritischen Realismus – und zwar in einem Lande, das gerade zum welterschütternden Sprung ansetzte. Es hatte nicht nur Puschkin und Nekrasov hervorgebracht, Giganten der Auflehnung. Es hatte einem Gorki das Leben geschenkt, dessen Rufe allein alle Lebensäußerung der Dekadenzkunst übertönten. Über die Häupter aller Ismen hinweg streckte Gorki seine nervige, väterliche Hand dem jungen Majakowski entgegen. «Hinaus aus den Köpfen diesen ganzen heutigen Kulissenkram und Requisitenzauber aller möglichen ‹fernen Wunder›, ‹Paradiesgnaden›, ‹Phiolen›, kläglichen ‹schönen Damen› und all den übrigen Plunder!» schrieb Gorki einem anfangenden Arbeiterpoeten im Hinblick auf die Dekadenzdichtung. Gorki ersehnte einen Rhapsoden der herannahenden, unausbleiblichen Umwälzung. «Rußland braucht einen großen Dichter», schrieb er. «Begabungen gibt es nicht wenig . . . Was aber not tut, ist ein Dichter, groß wie Puschkin, wie Mickiewicz, wie Schiller; wir brauchen einen demokratischen und romantischen Poeten, denn wir, Rußland, sind ein demokratisches und junges Land.» Der um ein Vierteljahrhundert ältere, erfahrene Gorki witterte in Majakowski sogleich das überragende Talent und Temperament, die ideelle Aufrichtigkeit und den revolutionären Elan. Und sogleich sonderte er ihn gedanklich heraus, hob ihn hoch über das lärmende Futuristengetümmel, fand mit dem Heißsporn die gemeinsame Sprache. Gorki wußte das Wutgeheul der Bürgerpresse gegen den «dichtenden Lümmel in Gelb» gut zu deuten. Ihr Haßgefuchtel galt weniger der gelben Jacke des Futuristen als dem Wort des aufsässigen Agitators, Wühlers, Aufwieglers. Seine Appelle klatschten wie Schüsse in die Gegend. Hier wehte Pulverdampf. Hier geisterten wieder die Barrikaden von Anno fünf. Hier wurde wirklich an die Wurzel der Dinge gerührt. Dieser Radau war nun nicht mehr harmlos. «Laßt die dollen Brüder lustig weitermachen!» war nicht mehr gültig. In diesem jungen Mann aus dem Kaukasus hörte das Futuristengezeter auf, spaßig zu sein. Man hörte darin die Trommel des Ernstfalls.

Maxim Gorki

Da fängt der große Krieg an, im Sommer 1914. Gleich sind die meisten Lyriker, fast alle, mit Vaterlandsgesängen auf dem Plan. Barden überschreien einander. Der Zarismus, der die Waffen im Augenblick nach außen kehrt, läßt sich in Vers und Prosa glorifizieren. Majakowski macht nicht mit. Im Krieg erblickt er vor allem die blutrünstige Sinnlosigkeit. Völker, die einander nicht kennen, fallen massenmörderisch übereinander her. Das geht gegen jede Vernunft. Der menschliche Kopf steht gegen die gepanzerte Sinnlosigkeit. Im ersten Zeitabschnitt der Tragödie begreift der Poet noch nicht klar, wessen Interessen die kriegführenden Heere verteidigen. Die unsichtbaren Macher, die ihre Geschäfte nun einfach «mit anderen Mitteln» abwickeln, beschäftigen ihn noch wenig. Er nimmt das Höllenwerk *von der dekorativen, der geräuschvollen Seite*. Dann aber folgt *die erste Schlacht. Auf einmal stand das Kriegsgrauen dicht vor mir. Der Krieg war widerlich. Das Hinterland noch widerlicher. Um vom Krieg reden zu dürfen, muß man ihn sehen. Meldete mich freiwillig. Abgewiesen. Kein Nachweis der Zuverlässigkeit.* Jetzt fährt er nach Kuokkala, einem Sommerrastplatz der Petersburger in Finnland. In ihm wächst *Widerwille und Haß gegen den Krieg*. Er beginnt ein Poem zu schreiben. Gesellt sich der Petersburger Künstlerkolonie in dem finnischen Badeort und lernt den Maler Ilja Repin kennen, freundet sich mit dem Kritiker Kornej Tschukowski an. Der vielgepriesene Humorist Arkadi Awertschenko lädt ihn ein zur Mitarbeit an seinem «Neuen Satyrikon»; er sieht in dem *Schreihals der Unterklasse*, wie sich Majakowski nennen wird, nur das Unerhörte und Verrückte. «Macht nichts», sagt er, «unsere Zeitschrift ist ohnehin ein Witzblatt.» Er wittert in dem Dichter einen grimmigen Lacherfolg, ist blind dafür, daß hier *ein geräderter Aufschrei ans Kreuz genagelt* schwebt. *Sterntränen in Tüchern blau und kattunen / kreischten: «erschlagen mein Teurer, erschlagen!» / Und fürchterlich schielen sah man Frau Lunen / auf Fäuste, die klamm im Todeskrampf lagen. / Dörfer Litauens kamen gelaufen, / erspähend, wie Kowno mit bitterm Ach / kirchenfenstrig ob Menschenhaufen / klagend die Finger der Gassen zerbrach. / Doch der Abend, Arme und Beine verloren, / läßt sein Gebrüll in Lüften wirbeln: / «Mazurka tanzend klirrn meine Sporen, / während die Finger den Schnurrbart zwirbeln! . . .»* Als ein Gedicht *Hymnus an den Richter* auf den Blättern des «Satyrikons» dem fernen Land Peru sein zorniges Mitgefühl ausspricht, weiß jeder Leser, welche Menschenheimat gemeint ist. *Auf dem Roten Meer rudernd irren / Sträflinge mühvoll in schwerer Galeere. / Ihr Geheul übertäubt das Kettenklirren: / Peru betrauernd ziehen sie ins Leere . . .* Die zehnte Strophe beschließt den merkwürdigen Trotz- und Trauerhymnus mit den Versen: *Der Peruaner verdient kein Galeerenruder. / Ich leide mit ihm und finde nicht Ruh. / Die Richter bedrängen den Tanz, diesen Bruder / des Vogels, und mich und euch und Peru.*

In diese gewittrige, zwielichtige Zeit fällt Majakowskis erster, tiefgründiger Liebesgram, der dumpfe Nachklang eines aufwühlenden Petersburger Erlebnisses, ein sinnerfüllter Kummer, der auf sonderbare Art mit der Gemütsverdüsterung dieser Kriegsläufte verschmilzt. Die ungeordnete Zeit sieht den Dichter ganz *in Weh und Wunden*. Sein Poem *Der dreizehnte Apostel* geht auf in der Deutung der doppelbödigen Tragik von äußerer Nacht und innerer Not. Die zaristische Zensur nimmt Anstoß an dem Titel, der dem landläufigen Katechismus widerspricht, worauf denn Majakowski sofort aus dem Versgefüge selbst den neuen Titel herausholt: *Wolke in Hosen*. Der so umbenannte *Dreizehnte Apostel* erwächst zu einer kraftvollen, inbrünstigen Schöpfung moderner Lyrik; in ihr steckt zorniger Affekt, aber auch ein durchdachtes, abgeklärtes Seelenbekenntnis, meisterlich in der Form. Einen *schreilippigen Zarathustra* nennt sich der Autor und versieht sein Prophetenamt als Erlöser der vom Moloch Großstadt Erdrückten, als Befreier der in sinnloser Arbeitsmühsal Zermarterten. Denn Unrecht und Gewalt machen die Liebe zur Sklavin; sie erniedrigen das fühlende Herz zum Gespött. Der Trupp von Luxuspoeten, die den Satten, Herrschenden etwas Literarisches zum Nachtisch lieferten, erregt Majakowskis besondere Erbitterung; er setzt sie Domestiken gleich: *Indeß sie, reimklimpernd, den Absud auskochen, / Gebräu aus Nachtigall und Liebesschalmeien, / krümmt sich die Straße – unausgesprochen: / sie hat keine Zunge zum Reden, zum Schreien.*

Vom Sockel gerissen alles, was dem Bürger, dem Spießer, dem Banausen heilig ist. Keine Umwertung der Werte, sondern Vernichtung des Unwerts. Sprengkraft einer seltenen poetischen Empörung haut hinauf zu den höchsten Trugidolen. *Nieder mit eurer Liebe! nieder mit eurer Kunst! nieder mit eurer Ordnung! nieder mit eurer Religion!* Majakowski erhebt die Stimme fürs Werkvolk, das die *Treibriemen der Welten* in Händen hält. Einfaches Zartgefühl für den wahren Menschen, echte Wärme, vermählt mit unversöhnlichem Erkenntnisgrimm – so geartet steht dieses wunderbare Dichtwerk vor uns. Keine kühle, blasse Zeile. Alles flammend. Und aus heftigem Impuls diese prophetische Vision:

Wo Augen stumpf zu versagen drohn: – / voran den Haufen, die hungern und lechzen, / im Dornenkranz der Revolution / schreitet das Jahr sechzehn.

Der ungeduldige Dichter, der diese Zeilen im Winter 1914/15 sehnsüchtig niederschreibt, verkürzt in seiner Vorhersage die Wartezeit um ein Jahr. Er bezeichnet dies Werk selber als *programmatische Sache*, als neuen *Katechismus* der revolutionären Dichtung. Im Sommer 1915 besucht er Gorki im finnischen Badeort Mustamjaki und liest ihm *Wolke in Hosen* vor. Gorki ist hingerissen und meint: noch nie habe ein Poet dermaßen schneidig mit Gott zu rechten gewagt, und setzt hinzu: «Hören Sie mal. Im Morgengrauen treten Sie vor die Welt und decken sie sogleich zu mit Ihrer lauten Stimme. Aber der Tag ist lang! Werden Sie durchhalten können bis zum

Majakowski und Lilja Brick. Petrograd, 1915

Abend? ...» Im Juli ist Majakowski mit dem Ehepaar Ossip und Lilja Brick bekannt geworden. Er widmet *Wolke* der verständnisvollen Lilja, der künftigen Freundin seines Lebens. Sie hat später berichtet: «Die gesamte Dichtkunst schien (damals) nichtsnutzig; Ton und Thema waren falsch. Und mit einemmal stimmte alles: Thematik und Intonation ...» Das war der bestürzende Eindruck bei allen Anständiggesinnten. Man hatte die unmittelbare Empfindung von mitreißender Genialität. Das hat freilich noch nicht die Drucklegung der *Wolke* gesichert. Kein Verlag ist dafür zu haben. Da nimmt Freund Ossip Maximowitsch Brick die Herausgabe des Poems auf seine Kappe. Die Kappe wäre da, aber das Kapital fehlt. Da wird gesammelt und geborgt. Man vereinfacht die Ausstattung bis zum Äußersten. Nichts Überflüssiges bleibt. Sogar die Satzzeichen werden eingespart. Auch die Zensur hat ihren Schnitt getan: es fehlt der letzte Abschnitt ganz. *Die Wolke erwies sich als Federwolke. Die Zensur hatte hineingepustet. Etwa sechs Seiten – lauter Punkte*. Der Zarenstaat rächt sich. Majakowski wird jetzt doch zum Heeresdienst einberufen. Nachts läßt er sich von einem Ingenieur technisches Zeichnen für Kraftwagenbau beibringen. Nun täuscht er einen Autokonstrukteur vor.

Gorki öffnet dem Dichter die Tür der neuen Zeitschrift «Jahrbuch» (Letopis) und bringt im Verlag «Parus» (Das Segel) die erste Gedichtsammlung Majakowskis heraus, betitelt: *Bieder wie ein Gemuhe.*

Die Kritik fragt, wie Gorki sich erkühne, dem Leser solch einen Grobian zuzumuten. Währenddessen geht das Ungeheuerliche weiter: die Völker zerfleischen einander im Weltkrieg. Eines der frühen Friedenskampfgedichte Majakowskis erscheint nun im «Neuen Satyrikon» Awertschenkos als Weihnachtsbeitrag 1916. Diese Verse sind im Kinderton gehalten und gekennzeichnet von einem starken Vorgefühl, daß Rußland seine Teilnahme am imperialistischen Völkermorden mit revolutionärem Protest aufkündigen werde. Es heißt *Tannennadeln*:

Nein, bittet nicht, laßt! / Keine Weihnachtstanne. / Nein, schickt den Vater nicht / in den Wald! / Mißtraut dem Wald und dem bösen Manne, / der hinterm Wald Granatfäuste ballt. // Nein, es geht nicht. / Den Putz in blitzblanken Flittern / wollen wir heut nicht in Watte betten. / Weil sonst Getroffne, / von tödlichen Splittern / Verwundete dort keine Watte hätten. // Nein, keine Kerzen. / Entsagt den Lichtern. / Vom Weltmeer steigen die eisernen Drachen, / drin lauern Menschen / mit bösen Gesichtern: / ob Lichtlein in unsern Fenstern wachen. // Nein, sagt nicht, / der Weihnachtsmann solle kommen / mit seinem Sack voll prächtiger Sachen. / Die Fabrik hat den Mann / in Beschlag genommen, / die Fabrik, wo sie Pulver und Kugeln machen. // Nein, keine Musik / wird diesmal erschallen. / Wie soll denn der armlose Musiker fiedeln? / Und der Flötist ist im Felde gefallen, / so mußt er ins Himmelreich übersiedeln. // Nicht weinen. Was hilfts denn? / Verzieht nicht das Mündchen! / Bald wird die dunkle Welt / sich entschleiern. / Bald muß alles anders werden, / ihr Kindchen. / Dann werdet ihr fröhliche / Weihnachten feiern. // Ein Tannenbäumchen wird dastehn, / ein mächtiges, / behängt mit Schmuckzeug im Überfluß. / Das wird ein Fest sein, / ein wunderprächtiges, / ergötzlich – fast bis zum Überdruß.

Majakowski tut jetzt alles, was ihm den Frontdienst ersparen könnte. Auch vom Kasernendienst drückt er sich, glänzt beim Kommiß frech durch Abwesenheit. *Lausigste Zeit ... Im Kopf entfaltet sich «Krieg und Welt»*. Diese einzigartige Dichtung enthüllt den räuberisch-imperialistischen Charakter des Gemetzels mit äußerster Schärfe. Neben Gorki, Serafimowitsch und Demjan Bednyj ist Majakowski jetzt der vierte Mann der Feder, der sich tapfer dem allgemeinen Ausbruch hurrapatriotischer Mordpropaganda in den Weg stellt – und das unterm Knüppel der Kriegsgesetze. Diese vier fordern kühn die zaristische Generalität heraus. Mit jedem Wort verlangen sie Einstellung der hirnrissigen Schlächterei, Wiederherstellung der geschändeten Menschenrechte. Sie tun's im Namen des einfachen Menschenglücks. Sie propagieren den Völkerfrieden Das Poem *Krieg und Welt* ist bis zum Rand gefüllt mit erbarmungslosem Haß gegen die *ochsenmäulige Rotte* der bezahlten dichtenden Kriegshetzer, schöngeistigen Etappenhengste, literarischen Paladine des Zaren. Klar gibt der Dichter Bescheid auf die Fragen: Welcher Sache zuliebe lassen die Imperialisten das maßlose Gemetzel weiterlaufen? Wem tut es wohl? Wem tut es not? Gewiß doch nicht dem Volk. Das erntet nur die Früchte der Zerstörung und Verheerung. Sein Teil sind Witwen und Waisen, Tod oder Verstümmelung. *Was hat der Krüppel, der armlose Rest / des blutigen Schmauses, vom Siegesfest?* Der Poet scheut sich nicht, Schrecken und Scheußlichkeiten sinnfällig vorzuführen. Den Krieg brauchen die Kriegsgewinnler, die Waffenfabrikanten, die kapitalistischen Regierungen: sie machen Gold aus Blut, sie streichen vom Kriegsschauplatz den Profit ein. *Sechzehn erlesene Gladiatoren* haben Europa in ein Leichenfeld verwandelt. In diesem Poem zeigt sich Majakowski schon so weit gereift, daß er deutlich die Kernfrage sieht: wie wird sich die Arbeiterklasse zu den unseligen Wetterschlägen dieses Zeitgeschehens verhalten? Und jetzt schleudert er Protest und Verdammnis gegen die Gesellschaftsordnung, die auf der Macht des Geldes ruht: nur sie trägt Schuld daran, daß die Menschheit immer wieder ins Elend der Kriege gestürzt wird. Freilich weiß er in *Krieg und Welt* noch nicht den Weg zu weisen, der hinausführt aus diesem als «Schicksal» getarnten Elend. Eine andere, Ende 1916 und Anfang 1917 entstandene Dichtung, *Der Mensch,* setzt die Gorkische Tradition eines streitbaren, agitatorisch-praktischen Humanismus fort: Sie preist enthusiastisch Kräfte und Fähigkeiten, Hirne und Fäuste, Stimmen und Sprachen des wirklichen Weltschöpfers: des Menschen. Doch dieser All-Held ist *in Haft,* sein Gehirn ist bedrückt vom *Gesetz,* sein Herz gefesselt vom *Glauben,* sein Leben ist *ein Gefängnis,* überhäuft von *Plagen.* Dem *Menschen* stellt er die fratzenhafte Gestalt des *universellen Gebieters,* des Kapitalherrn, gegenüber, der da kauft und verkauft, die Künste versklavt und seinem Börsenbetrieb auch alle Empfindung, Gemütswelt und alle Fähigkeit zur Freude hart unterwirft. Der Dichter gelobt, an dem *Chef-Tanzmeister des irdischen Cancans* Rache zu nehmen. Auf der Suche nach dem Ausweg aus den quälenden Widersprüchen des Menschseins vollführt er eine kosmische Reise, fahndet nach Glück an allen Ecken und Enden des Universums, doch findet er weder im Himmel noch auf Erden das heiß Ersehnte. Dieser Majakowski nähert sich bereits Einsichten ins Gegebene, die an Ernüchterung grenzen. Es ist nicht mehr bloß Trotzpathetik des unbotmäßigen Bänkelsängers Gelbjacke, der noch jüngst im Petersburger Cabaret «Herrenloser Hund» schockierende Verse zum besten gab. Es reift ein neuer, zäh gebändigter Auftrieb in dem Poeten: der heilvolle Schritt zum Realismus. Nie hatten die russischen Futuristen mit den italienischen mehr als den Namen gemein gehabt, und allenfalls die Gestikulation, den äußerlichen Habitus. Mehr noch: als am 13. Februar 1914 Marinetti auf einer Rußlandreise im Moskauer «Kreis für freie Ästhetik» einen Vortrag über Futurismus hielt, kam es zum offenen Zusammenstoß mit Majakowski; der Gast, dem man Bürgerlichkeit und Liebedienerei beim Kapital, also Verlogenheit, auf den Kopf zusagte, wurde ausgepfiffen. Zudem hatte Marinetti sich ausbedungen, seine Opponenten sollten französisch sprechen. Majakowski war aufgestanden und hatte diese Forderung mit dröhnender Stimme als *einen Maulkorb für die russischen Futuristen* abgelehnt. Um einen Tumult

Kerenski (links) bei einer Ansprache an die Truppen

Wladimir Iljitsch Lenin

zu vereiteln, schloß der Vorsitzende die Versammlung (laut Bericht in der «Stimme Moskaus» vom 14. Februar 1914). Im Jahre 1916 ist es die harte soziale Satire, die Majakowski zwingt, sich realistischer Handhaben zu bedienen. Realismus war immer schon Rüstzeug politischer Entlarvung. Im *Menschen* trachtet der Dichter zum erstenmal, den ganzen Komplex der gesellschaftlichen Widersprüche künstlerisch Gestalt annehmen zu lassen, die Einung von Politik und Poetik zu bewerkstelligen. Freilich, dieser Prozeß vollzieht sich allgemach, mit Übergängen. Noch bis in die Revolutionsjahre hinein kehrt Majakowski zu der einen oder anderen Manier der Futuristenzeit gern zurück, benützt verzwickte Gleichnisse, weit hergeholte Bildelemente, geschraubte Satzfügungen – zuweilen aus der Justament-Auflehnung heraus, dann wiederum aus dem Bedürfnis, eine Entsprechung fürs Ungewöhnliche des ablaufenden Zeitgeschehens zu ersinnen. Darin war er Bertolt Brecht wahlverwandt, der grundsätzlich «das Übliche», «immerfort Vorkommende» schon durch die Art der Behandlung anzuzweifeln, zu beargwöhnen, womöglich zu verungültigen und umzustoßen empfahl. Die Infragestellung als Stilelement geht auf Saltykov-Schtschedrin, ja auf Gogol zurück.

FEBRUAR-FIEBER

Rußlands kriegerische Mißgeschicke beschleunigen das Wachsen der inneren Krise. Diese ist von Massenstreiks und Kundgebungen der Arbeiterschaft getragen und führt zur Februarrevolution 1917, einer vom industriellen Proletariat ausgelösten und geleiteten bürgerlich-demokratischen Umwälzung, deren stürmisches «Hinüberwachsen» in die sozialistische Revolution den denkwürdigen historischen Inhalt der Spanne vom Februar bis zum Oktober 1917 kennzeichnet. Mit dem Sturz des Zarenregimes bricht in Rußland zunächst ein Zwischenzustand der Doppelherrschaft an; er besteht in der merkwürdigen Verflechtung zweier Diktaturen, nämlich der bürgerlichen, formiert in der «provisorischen Regierung», und der proletarischen, in Gestalt der «Sowjets der Arbeiter- und Soldatendeputierten». Dieser Zustand endet schon im Juli, nach blutiger Niederschlagung einer politischen Massendemonstration in Petrograd durch den Regierungschef Kerenski. Jetzt übernimmt die Bourgeoisie die Alleinherrschaft im Staat, kann aber nicht verhindern, daß die revolutionäre Bewegung im Lande mächtig zunimmt. General Kornilows Versuch, eine gegenrevolutionäre Militärdiktatur zu errichten, scheitert und treibt die Massen ins Lager der Bolschewiki, die in den Sowjets der Großstädte ihre Mehrheit sichern. In der Nacht vom 6. zum 7. November siegt ihr Aufstand unter Führung Wladimir Lenins in Petrograd. (Nach dem alten, Julianischen Kalender schreibt man den 25. Oktober; darum der Name «Oktoberrevolution».) Damit ist in Rußland für immer die Herrschaft der Bourgeoisie und der Gutsbesitzer gestürzt, die Diktatur des Proletariats errichtet. Die Macht liegt in Händen der Sowjets der Arbeiter-, Bauern- und Soldatendeputierten. Das Wort «Sowjets» bedeutet nichts anderes als «Räte».

Majakowski begreift schon im Februar den Anbruch der weltgeschichtlichen Wende. Ihn verlockt es, sich die provisorischen Schicksalslenker aus der Nähe anzusehen. *26. Februar 17. Zog mit den Kraftwagen zur Duma. Drang bis ins Arbeitszimmer Rodsjankos vor. Besichtigte Miljukow. Er schweigt. Doch irgendwie habe ich den Eindruck: der Mann stottert. Nach einer Stunde ödeten sie mich an. Ging. Übernahm für etliche Tage das Kommando in der Autoschule. Es gutschkowittert.* Fürst Lwow, Miljukow, Gutschkow, reaktionäre Politiker aus der Zarenzeit, sind jetzt Mitglieder der Kerenski-Regierung. Majakowski erkennt: das Bürgertum trachtet die Februar-Ergebnisse im eigenen Interesse auszuwerten. *Das alte Offizierspack stolziert nach alter Manier in der Duma umher.* Kerenski führt weiter Krieg. Die Bourgeoisie, so fühlt Majakowski, wittert Morgenluft. Sie ahnt nach dem Sturz des Zaren Möglichkeiten großen Vorteils. Sie verschafft sich freie Hand, ihr blutiges Geschäft fortzusetzen. Das kann die wahre Revolution nicht sein, nach der man sich ein Leben lang gesehnt hat. Der Dichter richtet seinen Haß gegen die rechtsliberalen «Konstitutionellen Demokraten» (genannt «Kadetten», nach den Initialen ihrer Partei: «KD»). Die Juli-Ereignisse 1917 geben ihm Stoff für ein kleines politisches Pasquill des Grolls und Grimms. Er nennt es: *Das Märchen vom Rotkäppchen.*

Es war einmal auf der Welt ein Kadett, / der trug auf dem Kopf ein rotes Barett. // Denn wenn er das rote Käppchen nicht hätt, / hätt gar nichts Rotes an sich der Kadett. // Er hört: irgendwo sprengt das Volk seine Ketten. / Gleich sieht man im roten Barett den Kadetten. // Es lebten sorglos, behaglich und nett / Großvater, Vater und er, der Kadett. // Da erhob sich ein gewaltiges Wettern / und riß das Barett vom Kopf des Kadetten. // Da stand er ganz schwarz. Und gleich, wie die Kletten, / befielen die Wölfe der Revolution den Kadetten. // Der Wölfe Diät ist bekannt: den Kadetten / fraßen sie auf mitsamt den Manschetten. – / Macht ihr Politik einst, ihr Knaben und Mädchen, / vergeßt nicht das Märchen von jenem Kadettchen.

Der Krieg tobt weiter, und Majakowski tritt mit einem später berühmt gewordenen dichterischen Anklageakt hervor: *Zur Verantwortung!* Nicht Freiheit, Ehre, Gott, sondern immer noch derselbe verfluchte kapitalistische Rubel sei der Götze und Dämon, in dessen Namen der militärische Malefiz-Satan tagein, tagaus Blut in Strömen fließen macht. In Petrograd und in Moskau (hier schon im Hörsaal des Polytechnischen Museums – es ist der spätere Schauplatz seiner epochemachenden literarischen Großveranstaltungen) hält der Dichter Vorlesungen zum Thema: «Die Bolschewisten der Kunst» – und hier kommt bereits jener Kontakt mit der Jugend Rußlands zustande, der Majakowski allmählich zum Poeten der jungen Welt erheben soll. Wütend nimmt die Bürgerpresse den so gefährlichen, weil so wortgewaltigen Herausforderer aufs Korn, leert ihren Vorrat an Gift und Galle über sein Haupt. Aber Rußland gärt, an den Straßenkreuzungen der Städte lärmt es von Aufläufen, Kundgebungen.

Majakowskis große, breite Gestalt im langen Soldatenmantel ist aus dem Stadtbild des aufgewühlten Petrograd nicht mehr wegzudenken. Einmal steigt eine hysterische Bürgerdame auf einen Mauersockel am Newski-Prospekt, keift und zetert: der eben aus dem Ausland heimgekehrte Lenin sei ein deutscher Spion, und die Bolschewiki wollten Rußland verkaufen, darum gelte es, zu kämpfen, zu kämpfen bis zum siegreichen Ende. Die Straußfedern auf dem Hut der Dame wackeln und schaukeln, die Menge steht stumm und verbittert. Da bahnt sich ein stämmiger Bursche, mit Ellbogen und Schultern rudernd, einen Weg nach vorn. Seine Augen mit den dunkeln, scharf umrissenen Pupillen lassen nichts Gutes ahnen. «Los, Madame! geben Sie mir die Geldbörse heraus!» – «Was für eine Börse! Sie sind wohl nicht bei Trost, Mensch!» schreit die Rednerin auf ihrem Sockel empört. «Keine Zicken, Madame! Ihr Hut macht keinem was vor. Bürger, Genossen, sie hat mir die Geldbörse gestibitzt!» – «Was erlauben Sie sich, Unverschämter! Ich habe Sie nie im Leben gesehen. Haben Sie Beweise?» – «Ja, das ist's ja! Auch einen Bolschewiken haben Sie nie im Leben gesehen», brüllt nun der Bursche in kräftigem Baß, «und haben auch nicht den geringsten Beweis dafür, daß die Bolschewiki Rußland verkauften!» Die Leute lachen, klatschen Beifall, stimmen zu. Das Dämchen ergreift die Flucht, und Majakowski, den die Menge nun erkennt, ruft dem Federhut nach: «Madame, lassen Sie zu Hause Ihre Wut nicht an der Köchin aus! ...» Diese sehr charakteristische Episode hat Majakowskis Freund Lew Kassil aufgezeichnet. Hier liegt alles drin: die Petrograder Atmosphäre von Mitte 1917, der innere Überdruß, der Hader mit dem Krieg, die wachsende Popularität Majakowskis, seine Schlagfertigkeit, sein Witz, sein unbedingtes Eintreten für die eigentlichen Bannerträger der Erneuerung Rußlands; nicht fehlt der Hinweis auf die sonore Stimmkraft des jungen Donnerers und Draufgängers. Nun, Geschehnisse, Gestalten, Schicksale und Abenteuer dieser wildbewegten acht Monate russischer Geschichte zwischen Februar und Oktober 1917 haben sogleich oder nächstens ihren Niederschlag in Majakowskis Dichtung gefunden, jeder Tag wuchs hinein in seine Poetochroniken und Poeme, insonderheit in die Kapitel seiner späteren großen lyrisch-epischen Dichtwerke *Wladimir Iljitsch Lenin* und *Gut und Schön*. Hier etliche charakteristische Bruchstücke aus der Mitte des zweiten Teils der Lenin-Dichtung, geschrieben 1924: *Nimmersatt, imperialistische Hyder! / Wir sind satt des Schmerzes und Mangels! / Gesprengt hat Rußland deine Kettenglieder / von Täbris hinauf bis Archangelsk. / Das Reich ist kein Huhn, / nicht leicht abzutun! / ein Aar ists, zweiköpfig, mit Schnäbeln, mit krummen! / Das Volk aber spie / jene Reichsdynastie / ins Spülicht aus, wie ein Raucher den Stummel. / Dies Volk, ohne Hosen, in rostig-roter / Blutkruste, hungernd und ungeheuer, / würde es gehn mit den Sowjets – oder / wie einst um des Bürgers Kastanien ins Feuer? // «Der Zar und sein Aar, sie schwimmen im Spülicht. / Das Volk ist entfesselt! Rußland bricht los!» / – las bebend Wladimir Iljitsch in Zürich, / von Fieber erfaßt überm Zeitungsstoß. / Doch was erfährt man aus Fetzen Zeitung? / Ein Flugzeug her! durch Lufträume hin! / dem Arbeiteraufstand am Tag der Entscheidung / zu Hilfe! – dahin trägt der Wunsch jeden Sinn! // Er fuhr, der Partei Gehorsam zu zollen, / im deutschen Waggon mit der deutschen Plombe. / Ach, ahnten damals die Hohenzollern: / auch ihrem Thron brachte Lenin die Bombe! / Die Petrograder sind frisch noch und fröhlich, / wie Kinder, sich küssend in Freudengetümmeln. / Noch rot bebändert, beginnt doch allmählich / der Newski von Generalen zu wimmeln. / Schritt für Schritt – fängt man an, sich zu trauen, / gelangt so bald wieder zum Pfiff des Gendarmen. / Und sieh, schon schauen die Bürgerklauen / hervor unter Pfötchen, samtweichen und warmen ...*

In farbensatt hingespachtelten Bildtafelskizzen ersteht die Übergangszeit jener acht Monate vom kalten Vorfrühling zum kalten Spätherbst des Wendejahres. Doch jede Vision, jede Impression deutet einprägsame Analysen an, bringt hart umrissene Klarstellungen des Kräfteverhältnisses und der Leittendenzen vor. *Wir kosteten kaum erst Tautropfen der guten, / der Februar-Freiheit, erwartungsvoll; / schon schwingen Kriegstreiber tapfer die Ruten: / «Marsch, marsch an die Front, Arbeitervolk!»*

Des Siebzehnerjahres erster Markstein ist der Tag von Lenins Heimkehr aus der schweizerischen Emigration. Am späten Abend des 16. April kommt Lenin in Petrograd an. Auf dem Platz vor dem Finnischen Bahnhof erwartet und begrüßt ihn eine imposante Masse von Arbeitern und Soldaten; sie veranstaltet eine Kundgebung ihm zu Ehren. Hier, auf der Plattform eines Panzerkraftwagens stehend, hält Lenin seine erste Rede im revolutionären Rußland. «Alle Macht den Räten!» Es ist der Ruf des Heimgekehrten, sein Appell: die unerträgliche Doppelherrschaft zu beendigen. *Verblüfft stand die Menge, im Bann einer Wandlung: / zum erstenmal nah war die Zeit und der Ort – / hier stand als schlicht zu vollziehende Handlung / «Sozialismus», das traumferne Wort. / Und schon, mit Gedröhn den Werkfleiß bestätigend – / Riesenbetriebe, aufstrahlend von fern: / die Kommune von morgen, der Bund der Werktätigen, / ohne Bürger, ohne Proleten, ohne Sklaven und Herrn. / Aufs dicke Gewind opportunistischer Stricke / fiel jedes Wort Lenins als Hieb mit dem*

Beile. / Und drein wie ein Bergsturz aus brüllenden Stücken: / – «Sehr richtig, Iljitsch!» – «Höchste Zeit!» – «Es hat Eile!» –

Noch ausführlicher und mit gesteigerter Dramatik schildert der Dichter die Stufen und Abschnitte jenes Umschwungs der Machtgleichung, jenes «Hinüberwachsens» von der Bürgerdiktatur zur Kommune oder Diktatur des Proletariats im berühmten fünften Kapitel des Poems *Gut und Schön*, geschrieben 1927, im Gespräch zwischen *Stabskapitän und Adjutant im «Select»*, das geradezu als Bühnensketch komponiert ist (*klirrend mit Sporen, mit Vorkriegsgeschmeiden, / tressenumhängt und medaillenbesteckt, / unterhalten sich diese beiden . . .*). In diesem zynischen Dialog steckt schon echt Faschistisches, ja Nazistisches, mit allen infernalischen Merkmalen. Doch im abschließenden, gekreuzten Reimvierzeiler springt mitten im Reimkreuz die revolutionäre Antithese vor, der Auftakt zur Schilderung des Oktoberaufstands: *Und sie tranken sich voll und sie tranken sich toll. / Und sie ließen den Schnaps sich aus Teekannen schenken . . . / Eine andre Sprache aus Kellern scholl – / nebenan, wo die Häuser ins Dunkle schwenken . . .*

Hier die saufenden, ihrer Sache allzu sicheren und schon benebelt dem Untergang geweihten Kerenski-Offiziere; dort (und zwar dicht *nebenan!*) hellwach die vom Leninschen Militärkomitee organisierten und instruierten Rotgardisten bei der Verteilung von Waffen und der Parolen. Das von Lenin mit wissenschaftlicher Sorgsamkeit analysierte, nach Vorzügen und Fehlern gründlich durchforschte Geschichtsvorbild des bevorstehenden Aufstands ist die Pariser Kommune von 1871, eine Vorform der Rätemacht. Sie ist ihrem sozialen Gehalt nach eine Proletarierdiktatur gewesen, also qualitativ identisch mit der ein Halbjahrhundert später durch den Petrograder Oktobersturm begründeten Sowjetstaatlichkeit. Majakowski liest und studiert während der Jahresmitte 1917 laufend Lenins auf diese Zusammenhänge bezügliche Schriften und Aufsätze. In ihm festigt sich nicht nur gemütsmäßig, sondern auch theoretisch die innere Bereitschaft, zum dienenden Dichter des heraufziehenden historischen Umbruchs zu werden. Er ordnet seine poetische Wesenheit der erkannten und in weiteren Zusammenhängen

Straßenkampf zwischen den Bolschewisten und den Truppen Kerenskis auf dem Newski-Prospekt in Petrograd. Herbst 1917

begriffenen historischen Bewegung ein. *Ich widme dir, attackierende Klasse, / all meine klingende Dichterkraft!* Schon singen und skandieren die aufständischen Arbeiter, die revolutionären Matrosen, die Rotgardisten Majakowskis Reimzeilen. Ein besonderer, damals sehr beliebter und gleichsam schon dem Volksschaffen eingegliederter Zweizeiler Majakowskis ist als Marschspruch überliefert, der unmittelbar den Sturm aufs Winterpalais begleitet hat: *Friß Ananas, Bürger, und Haselhuhn. / Mußt bald deinen letzten Seufzer tun.* Der Dichter hat ihn später dem fünften Kapitel von *Gut und Schön* eingegliedert. Der Spruch stand zum erstenmal auf dem Umschlag der «Nachtigall» («Zeitschrift für proletarische Satire», Moskau 1917, Nummer vom 24. Dezember) gedruckt. Über die Entstehung des berühmten Verspaars äußerte Majakowski folgendes: *Die kleine Kellerkneipe «Herrenloser Hund» war in die «Komödiantenbleibe» übergegangen. Das Lokal wurde alsbald zur Bleibe für die Überreste des fashionablen und reichen Petersburg. Zum Takt irgendeiner breitholprigen Musik machte ich dieses Reimpaar . . . Das wurde mein Lieblingsvers. Die Petersburger Zeitungen der ersten Oktobertage wußten zu berichten, daß die Matrosen, als sie zur Erstürmung des Winterpalais vorgingen, irgendein Liedchen summten: «Friß Ananas, Bürger, usw.»* (Aus: *Nur keine Erinnerungen*, 1927.) Die Neigung des Dichters zum revolutionären Gassenhauer ist ihm damals von der dekadenten Lyrikergilde der Spätsymbolisten noch schlimmer angekreidet worden als seine Futurismen. Er selber neigt 1917 mehr und mehr zu der künftigen «Lef» (Linksfront)-These ehemaliger Futuristen: der Literaturschaffende habe «im sozialen Auftrag» revolutionär-utilitaristische Tagesproduktion zu liefern, er habe die Belletristik zu verlassen und der Publizistik zu dienen; darum sei weniger das Buch als die Zeitung sein Tätigkeitsfeld; die Zeit verlange vom Schreibenden nicht die Erfindung, sondern die Zeugenschaft, nicht das Fiktive, sondern das Faktische; die neue Losung sei: die Dichtung als Dokument, die Literatur des Faktums. In dieser neuen Doktrin, die sich keineswegs mit der Leninschen Lehre von der parteinehmenden und parteilichen Literatur deckt (weil Lenin, wie Marx und Engels, im Realismus gerade die Kunst typisierender Erfindung schätzte und nicht den fotografischen oder faktographischen Abklatsch der Wirklichkeit) – in dieser neuen Zielsetzung also erblickten Majakowski und sein Kreis eine Zeitlang das eigentliche Wesen der literarischen Umwälzung, den erforderlichen Dienst am Tage, das Geheiß der Gegenwart. Maxim Gorki hat diese gutgemeinte Selbstverleugnung des Künstlers, diese Verflachung des spezifisch Literarischen nie mitgemacht. Er hat die Manifeste und Deklarationen der «linken» schreibenden Jugend zwar nicht bekämpft, sondern eher ironisch belächelt, aber immer versucht, durch das positive Beispiel, durch individuelle Beeinflussung, durch briefliche Einzelkritik – besonders im Umgang mit Majakowski – die eigene realistische Position pädagogisch geltend zu machen.

Als am 9. August 1917 in Gorkis Zeitung «Neues Leben» Majakowskis Kampfgedicht *Zur Verantwortung* die Schuld der Kriegsverlängerer aufs heftigste anprangerte, wobei des Dichters Zustimmung zum Leninschen Appell «Nieder mit dem verbrecherischen Krieg!» sehr sinnfällig hervortrat, da sah sich die menschewistische Zeitung «Einheit» zu einer scharfen antibolschewistischen Entgegnung veranlaßt. Nach einigen formal-ästhetischen Anwürfen gegen Majakowski entschloß sich der gehässige Kritiker auch zu einem Seitenhieb gegen Gorki: «Offenbar hat die schlechte politische Prosa den Geschmack Gorkis dermaßen verderbt, daß ihm auch das Feingefühl für Poesie abhanden kommt . . .» Ähnliche Versuche, zwischen die beiden Künstler des Wortes, die zwei Generationen Rußlands verkörperten, also zwischen Väter und Söhne im revolutionären Lager einen Keil zu treiben, scheiterten allesamt und waren eher geeignet, den Bund der Feuergeister zu festigen. Das unbändige Ringen zweier Weltprinzipien, zweier Staatsformen, zweier Klassen, die Schlacht zwischen dem Neuen und dem Alten auf unserem Planeten, spitzte sich rapid zu. Und jedermann fühlte: unaufhaltsam zieht der Tag der Entscheidung herauf.

DIE WÜRFEL SIND GEFALLEN

In seiner lakonischen Selbstbiographie berichtet unser Dichter: *Oktober. Anerkennen oder nicht anerkennen? Diese Frage existierte für mich (und die übrigen Moskauer Futuristen) nicht. MEINE Revolution. Ging ins Smolny. Arbeitete. Allenthalben, wo es not tat. Beginn der Sitzungstätigkeit.* Im ehemaligen Smolny-Institut zu Petrograd (früher: höhere aristokratische Töchterschule) befindet sich damals der Arbeiter- und Soldatenrat der Hauptstadt; während des Oktoberaufstands ist das Smolnygebäude Sitz des Revolutionären Militärkomitees der Bolschewiki gewesen. Im großangelegten sechsten Kapitel von *Gut und Schön* hat Majakowski zehn Jahre später das dichterische Denkmal jener «zehn Tage, die die Welt erschütterten» (so nannte der amerikanische Reporter und Augenzeuge John Reed seine vortreffliche Rußland-Reportagenreihe vom großen Oktober-Umsturz, die bald als Buch mit Geleitwort Lenins erschien) in balladischer Einprägsamkeit geformt:

Der Oktober kam mit den üblichen Winden, / ganz so wie in kapitalistischen Jahren, / sah Straßenbahngleise sich strecken und winden / und Autos über den Troizki fahren . . .

Schritt für Schritt werden in erregender Drängung und Raffung die Episoden jenes welthistorischen Herbsttages aufgebaut: strategischer Aufmarsch der Aufständischen, Wut und Flucht des Kanzlers Kerenski, Iljitsch (Lenin) im Smolny beim Revolutionsstab, Marschliedfetzen von den Petrograder Straßen, Beginn der Kampfhandlungen ums Winterpalais, wo die Minister eingeschlossen sitzen . . .

Kronstädter, Wiborger, Schlüsselburger, / Arbeiterwehren, Matro-

senkohorten / fassen den stolzen Palast an der Gurgel / und pochen mit Feuer und Blei an die Pforten. / Zwei Riesenschatten, steigend, flatternd, / wollen einander zu Leibe rücken. / Der Hof des Palastes, mit Mauern und Gattern, / möchte den Leib der Masse erdrücken. / Die Schatten schwanken, die Feuer flackern, / vom Wind der Schüsse gezaust und gebrochen, / Maschinengewehre beginnen zu tacken, / als hackten, als knackten sie Berge von Knochen.

Szenen vom Widerstand des Pauls-Garderegiments, des Frauenbataillons, des Michaels- und des Konstantin-Korps. Ernüchterung:

«Kerenski soll her!» – «Der ist abgezittert! . . .» / Das hat der Kosakenschädel kapiert. / Die Schützer des Winterpalais wurden schütter, / wie ein alter Kamm, der die Zähne verliert.

Die *zwischen weichen Möbeln und bronzenen Schnörkeln* gefangene Reichsregierung hat nur noch gezählte Stunden.

Sie fürchten zu schweigen, sie wagen zu flüstern. / Wer sieht sie noch, hört noch ihr zaghaftes Zürnen? / Ringsum aus Waffen ein Wald! / Sie würden fallen wie überreife Birnen, / die es nur noch zu schütteln galt.

Aber drüben, *hinter der eisernen Nikolausbrücke*, liegt der gepanzerte Leib der «Aurora» vor Anker, *die Läufe zückend.* Die alten Küstengeschütz-Batterien der Peter-Pauls-Festung am anderen Ufer der Newa feuern los. *Und dann ist die Stadt wie in Lüften zerrissen: / «Aurora» sprach sechszöllig ihr Wort. / Und über der steinernen Insel dort / sieht man den Aufstand sein Zeichen hissen!*

Es ist das Signal zum Sturmangriff für das Fußvolk hüben auf dem Schloßplatz. Der entscheidende Anlauf hebt an.

«Nieder! Zum Sturm! Vorwärts! Drauflos!» / Durchs Portal. Auf Teppichen goldner Gemächer. / Über Junkerleichen auf Marmorplateaus / und Prunktreppen schritt das Volk, der Rächer. / Als wälzten Gewässer sich hoch zwischen Wänden, / so schloß sich der Strom über jedem Gefallnen. / Ein Handgemenge aus hadernden Bränden / umfaßte Diwane, Portieren und Hallen. / Die Zimmerflucht, wo die mit Schätzen gekrönten / Monarchen einatmeten Herrschaft und Huldigung, / die samtenen Säle und Gänge nun dröhnten – / kein Stiefeltritt, Kolbenschlag bat um Entschuldigung.

Beinahe eine Genremalerei der Revolution; ein gefestigtes Würdebewußtsein, ein Gefühl für Disziplin, das die Volkswut vor jeder Maßlosigkeit zurückhält. Und dort Hysterie, Angst, desperate Gehässigkeit der dreizehn Kabinettsmitglieder von Rußlands letzter bürgerlicher Regierung; sie ist belagert, sie ist verloren.

Ein Junker stürzt her: «Jeder Widerstand – töricht!» / Und die Dreizehn, aufkreischend: «Die Regierung ergibt sich!» / In der Tür starrn Gewehre, ein eisernes Röhricht . . . / In die Stille mit Macht eine Stimme platzt, / ein Matrosenbaß, wie sie auf Fahrten reifen: / «Heda, ihr Provisorischen! Runter! Macht Platz! / Abgerollt ist euer Streifen.» –

Der Dichter kontrastiert das Pathos der Siegesminute mit der betont unpathetischen Prozedur der sachlich-staatsrechtlichen Abset-

Weibliche Soldaten, die das Winter-Palais gegen die Bolschewisten verteidigten. Oktober 1917

zungs-Deklaration, wie sie «einer von den Eindringlingen» vorliest, nachdem er seinen Kneifer *mit ungefährer Bewegung* zurechtgerückt hat; wobei er jene historisch so überaus bedeutsame und folgenschwere Formel *in gewöhnlichem Tone* vorbringt, *als sagte er selbstverständliche Dinge.* Dann aber wechselt der Schauplatz. Der Smolny-Stabssitz jubelt. Die Hymne, völkerumfassend, hat neuen Klang. Und –

Die Nacht ist im Osten aufgeschlagen. / Der Morgen hebt seine Strahlenhände. / Podwojski, müde, besteigt den Wagen: / «Schluß . . . Zum Smolny. Das Stück ist zu Ende.» // Nun schweigt das Geknall, verstummt ist das Summen. / Das Maschinengewehr, ein folgsamer Hund, / hält ein im Gebell und schließt seinen Mund. / Die Plätze dämmern, die Gassen verstummen. / Und wie das Gestirn dieser Nacht verblich, / begannen die Bajonette zu blitzen, / und ihre kantig geschliffenen Spitzen / trugen den Tag wie ein Banner aus Licht.

Es fehlt nicht der kunstvolle Abgesang, der typisch-urbanistische, eine mit drei, vier Strichen hinskizzierte Petrograder Morgenlandschaft, mehr ideelle Vision als optische Impression: *Oktoberwinde, in alter Weise, / wehten und blähten verwitterte Fahnen, / und über die Brücken liefen Geleise, / und wieder fuhren die Straßenbahnen. / Doch anders lief ihr gewohnter Lauf: – / die Straße des Sozialismus hinauf!*

Mit diesen Worten schließt das sechste Kapitel des Poems *Gut und Schön*, den Gang der Handlung wie über eine Wasserscheide ins Jahrfünft des Bürgerkriegs hinüberführend und dann weiter hinan durch die Epopöe der zwanziger Jahre: Wiederaufbau.

Lunatscharski, Volkskommissar für Aufklärung, beruft drei Wochen nach Errichtung der Rätemacht die Kunstschaffenden zu einer Beratung in sein Staatsamt. Am 30. November 1917 findet diese denkwürdige Versammlung statt. Der Einberufer, Rußlands merkwürdiger Schöngeist und Polyhistor, appelliert an alle Anwesenden: sie möchten ihr Werk und Talent in den Dienst der jungen Sowjetrepublik stellen. Dies hören und wütend den Saal verlassen, ist für viele eins! Andere weigern sich, bringen Gegenargumente vor. Erregte Szenen und Rededuelle unterbricht Majakowski, er erhebt sich vom Sitz und übertönt den Aufruhr mit sonorem Baßlaut: *Ich beantrage, die neue Staatsmacht zu begrüßen und mit ihr die Fühlung aufzunehmen!* Der Poet regt eine fruchtbringende Zusammenarbeit zwischen Künstlern und Volksstaat an. Die Bevollmächtigten des «Verbandes der Kunstproduzenten», deren individualistisches Rebellentum auch in den Staatsorganen des Arbeitervolks eine grundsätzlich abzulehnende feindliche Obrigkeit erblickt, sind vom flammenden Aufruf Majakowskis mitgerissen. Noch haben sie die vom Geschichtsprozeß eingeschlagene Richtung nicht begriffen. Da wirken Rückstände anarchischer Bohèmeauffassung, ultrarevolutionären Bildersturms: rechtmäßiger Antiakademismus schlägt Kapriolen

Der Sturm auf das Winterpalais in Petrograd, 1917

und haut über die Stränge, jedwede Autorität blindlings ablehnend, auch die des historischen Kulturerbes. Gegen die «tabula rasa»-Macher, repräsentiert vornehmlich durch die «Proletkult»-Leute, die die Geistesgeschichte der Menschheit «nochmals von ganz vorn» beginnen möchten, wendet sich vier Jahre später ganz entschieden der führende Kopf der Oktoberrevolution und theoretisch-politische Lenker der Sowjetmacht: Lenin. Er warnt besonders die Jugend vor geistiger Desorientierung, Normen-Verneinung und nihilistischer Flucht aus der kulturellen Kontinuität. Lenin wird nicht müde, den Marxismus selber als direkte Konsequenz und Synthese europäischer Geistesentwicklung darzustellen; immer wieder weist er auf die drei Quellen des wissenschaftlichen Sozialismus, der marxistischen Weltanschauung und Arbeiterbewegung hin: diese sei die rechtmäßige Erbin des Besten, was die Menschheit im 19. Jahrhundert hervorgebracht hat – in

Alexander Blok. Radierung von S. Salschupin

der Gestalt der deutschen klassischen Philosophie, der englischen politischen Ökonomie und des französischen Sozialismus. Ebensowenig wie der Marxismus diese drei Quellen verleugne, die in ihm zu einer neuen historischen Qualität zusammengeflossen seien, dürfe die aus der Revolution hervorgegangene sozialistische Rätemacht, die ja zum erstenmal die Bildung zur Sache breitester Volksmassen mache, auf die wegen ihrer hohen kulturellen Nützlichkeit über die Zeit ihrer Entstehung hinauswirkenden Werke und Werte der Vergangenheit verzichten. Nicht verzichten, vielmehr kritisch sichten und sondern sei die Aufgabe. Die Unklarheit, die 1917 darob in den Kreisen der Kunstintellektuellen Rußlands noch herrschte, hat in jener stürmischen Sitzung vom 30. November, wo Lunatscharskis Appell diskutiert wurde, beredten Ausdruck gefunden. Majakowski zieht die Konsequenz aus seiner Überzeugung: er beteiligt sich von Stund an aktiv an der Arbeit des Volkskommissariats für Bildungswesen, bekämpft Vorurteile seiner schwankenden Kollegen, gründet eine Zeitung «Kunst der Kommune». Zu den Geistern von höchster nationaler Bedeutung, die sich auf die Seite des Rätestaates stellen und mit dessen Organen auf vielen Gebieten des Kulturaufbaus und Kunstbetriebs zusammenwirken, gehören Valerij Brjusov, der Literarhistoriker, Goethe-Übersetzer, Bildungspoet, und Alexander Blok, der große Lyriker, Autor des berühmten Revolutionspoems «Die Zwölf». Blok ist der schwierigere und durchaus nicht vorbehaltlose, mit symbolistischen Schlacken noch zweifelvoll behaftete Ästhetiker. Er kommt aus kleinem Adelsmilieu, während Brjusov dem bürgerlichen Mittelstand angehört. Blok starb, noch nicht 41 Jahre alt, im Sommer 1921, und Majakowski hat ihm später im siebten Kapitel von *Gut und Schön* ein liebevoll-tragisches, wenngleich von einer gewissen Ironie mitgeformtes Denkmal errichtet: *Zu solcher Nacht und an solchem Tag, / in Stunden von solchem Betrieb – / wer da durch die Gassen schlendern mag, / muß ein Dichter sein oder ein Dieb. / Die Dämmerung flutet aufs Erdenrund / und graut zwischen Feuern hindurch. / Ein Tauchboot – so stößt unter See auf Grund / das rasende Petersburg.*

Es ist die kurze Zeitspanne der Bestürzung, die historische Zäsur oder Atempause der Besinnung zwischen dem Oktobersieg und dem Bürgerkrieg.

... Das Kreuzfeuer hat mit der Schere die Kais / geschoren und leergescheuert. / Im dichten Dunkel stehn die Palais, / von Wachtfeuern einsam befeuert. / Und da, wo die Erde vor Hitze klebt – / (wirkt der Schreck, oder macht es das Eis?) / ein Soldat seine Hände ans Feuer hebt / und fühlt dessen Zungen heiß. / Der Feuerschein zog seine Züge nach, / sein Haar war strähnig gelockt. / Und ich erkannte, erstaunte und sprach: / «Guten Tag, Alexander Blok! / Futuristen-Glückauf! In den Nähten platzt / der alte Frack jetzt untrüglich!» / Blok schaute und sah: Wachtfeuer am Platz – / «Sehr schön», sprach er, «vorzüglich.» / Ringsum – da versank das Rußland Bloks, / der «Nordrauch», die «Unbekannte»; / so sinkt die verbrauchte Konserven-Box, / die Scherbe, der Bruch, das Verbrannte. / Schnell wechselt sein Antlitz, düster und spitz – / wie der Tod, auf der Hochzeit gesichtet: / «Sie verbrannten ... im Dorf ... meinen Herrensitz ... / Meine Bibliothek ist vernichtet.» / Blok steht und starrt – und sein Schatten stiert, / sehr hart auf die Wand gebreitet, / als harrten beide auf Christus hier, / der über die Wasser schreitet ... / Und Blok wird traurig. Denn wahrlich, ihm ist / der Erlöser nicht erschienen. / Ums Eck kamen Menschen, die sangen. Doch Christ – / Christ war nicht unter ihnen.

Majakowski hat in der Dichtung *Krieg und Welt* sein Credo verkündet und wiederholt es nun in hundert Abwandlungen, das panegyrische Motto: *Der Freie, / nach dem ich schreie, / der Mensch – ist im Kommen!*

Ohne Tendenz, ohne geschichtlich-parteiisch klar bestimmte Position – keine Poesie. Diese Einsicht löst den Dichter allmählich aus der futuristischen Umklammerung. Er will nicht mehr ü b e r die Revolution schreiben, sondern f ü r die Revolution. Derb formuliert: aus dem verneinenden kritischen

Anatoli Lunatscharski, Volkskommissar für Aufklärung

Realismus der vorrevolutionären russischen Literatur soll und wird sich nun, nach errungenem Oktobersieg, der bejahende sozialistische Realismus erheben. Der Freie, *nach dem ich schreie*, ist jetzt *im Kommen*. Die Poesie Rußlands hat ihren neuen positiven Helden. Der sozialistische Oktober hat ihn «realisiert». Einst ist Majakowski ausgezogen, den Pfad der sozialistischen Kunst zu finden. Jetzt schreitet er, zu seiten des *Menschen im Kommen*, auf dem Weg der revolutionierten Gesellschaftsordnung vorwärts. Klar zeichnete sich die Entwicklung ab: sie bewegte sich auf die kommunistische Gesellschaftsordnung zu. Was den Pariser Werktätigen 1871 nicht geglückt ist: die klassenlose Sozietät arbeitender Menschen fest und dauernd zu begründen, soll jetzt auf dem Boden des gestürzten Zarenreiches beispielgebend verwirklicht werden. Majakowski mischt sich unter die revolutionären Arbeiter, Soldaten, Matrosen, Rotgardisten als einer der Ihren. Sie haben auf der Straße, auf Plätzen und Wegkreuzungen ihre Biwake aufgeschlagen, ihre Wachtfeuer entzündet, der novemberliche Abend ist kalt; gern hören sie Majakowskis neuestes Gedicht *Unser Marsch*: *Poltert auf Plätze den Marsch der Empörung! / Hoch, stolzer Häupter wogendes Feld! / Wie einer zweiten Sintflut Verheerung / waschen wir wieder die Städte der Welt. // Träger Tage Trott: / der Jahre Büffelgespann. / Wettlauf rührt als Gott / des Herzens Trommel uns an ...*

Mit diesen Versen hat Majakowski ein neues, von der proletarischen Revolution geprägtes Genre begründet: das sprechrhythmische Marschgedicht, das der Vertonung entraten kann. Ein Merkmal seiner Eigenart ist die (kaum übersetzbare) skandierende Reihung einsilbig betonter Wörter: «dnèj bỳk pjèg – nàsch bòg bjèg» (in den Kurzstrophen). Die Geschichte der europäischen Prosodie und Versformung kennt hierfür keine Präzedenz. Im Dezember 1918 ist Majakowski von den Matrosen der ehemals kaiserlichen Petersburg-Kronstädter Flottengarde zu einer Feier an Bord eines Schlachtschiffs eingeladen. Für diese Veranstaltung schreibt der Dichter seinen *Linken Marsch*. Die Festivität wird wegen des Massenandrangs ins «Matrosentheater» der Gardekaserne verlegt. Dort spricht Majakowski am 17. Dezember zum erstenmal diese Marschverse. Der *Linke Marsch* gehört seither zu den klassischen, meistrezitierten Gedichten der russischen Revolution. Er ist als ein Musterstück der frühesten, formal noch halb futuristischen revolutionären Agitationslyrik in die Geschichte des Bürgerkriegs eingegangen: er sollte zum beliebtesten Massenkampfgedicht der jungen Sowjetrepublik gegen die 1918 unter britischer Führung unternommene imperialistische Intervention werden:

Entrollt euern Marsch, Burschen von Bord!
Dem Zank und Geflunker jetzt – Pause.
Still, ihr Redner!
Du
hast das Wort,
rede, Genosse Mauser.

Genug vom Gesetz aus Adams Zeiten.
Gaul Geschichte, du hinkst . . .
Wolln die Schindmähre zu Schanden reiten.
Links!
Links!
Links!

He, Blaublusen!
Nach vorn!
Stürmt Ozeane!
Oder
ist im Hafen der Sporn
der Panzerschiffe vermodert?!
Laßt
den britischen Löwen brüllen –
kronefletschende Sphinx.
Keiner zwingt die Kommune zu Willen.
Links!
Links!
Links!

Dort
hinter finsterschwerem
Gebirg liegt das Land der Sonne brach.
Quer durch Not,
über bittre Meere
stampft euern Schritt millionenfach!
Droht die gemietete Bande
mit stählerner Brandung rings, –
Rußland trotzt der Entente.
Links!
Links!
Links!

Adleraug sollte verfehlen?!
Altes sollte uns blenden?!
Kräftig
der Welt an die Kehle,
proletarische Hände!
Wie ihr kühn ins Gefecht saust!
Himmel, der Flaggen du schwingst!
He, wer schreitet dort rechts aus?
Links!
Links!
Links!

Doch kehren wir zum ereignisreichen Winter 1917/18 zurück! Maxim Gorki hat noch im November in seinem Verlag «Parus»

Majakowskis *Krieg und Welt* herausgegeben. Im Dezember bringt der Dichter dieses Poem aus Petrograd nach Moskau, in das Literatenkaffeehaus am Nastassjinski-Gäßchen, einem früheren Wäschereikeller. Das ist *die revolutionäre Großmama der heutigen Poetencafé-Salons,* schreibt er im Lebensbericht. Dort haben sich verdächtige Gestalten aus Anarchistenkreisen zusammengerottet, pistolenbewehrt, behängt mit Handgranaten und Patronengurten. Sie wollen einen Skandal provozieren. Majakowski springt über sein Tischchen, ist mit einem Satz auf dem Podium. Er legt los. Seine Stimme tönt besiegelnd, unwidersprechbar. Sofort hat er die Radaubrüder in der Hand. *Ich rezitiere die Revolution!* sagt er dröhnend. Und alles verstummt, wie Majakowski anhebt: *Umstürze erschüttern den Leib von Imperien, / indes Menschenherden den Treiber ablösen. / Nur du – / ungekrönter Herr der Herzen und Arterien, / bleibst unberührt von den Aufruhr-Getösen!*

Es sind dies Zeilen aus dem Poem *Der Mensch.* Und eben aus diesem Frühwerk rezitiert er Ende Januar 1918 bei einer denkwürdigen «Begegnung zweier Dichtergenerationen» in der Wohnung des Moskauer Lyrikers A. Amari, wo sich Konstantin Balmont, Wjatscheslaw Iwanow, Andrej Belyj, Jurgis Baltruschaitis, David Burljuk, Wassili Kamenskij, Ilja Ehrenburg, W. F. Chodassewitsch, Marina Zwetajewa, Alexej Tolstoj, Pawel Antokolski, Wera Inber, der indische Dichter Sura-Wardi und andere eingefunden haben. «Kaum hatte Majakowski seine Lesung beendet», berichtet Burljuk später in der «Fernöstlichen Rundschau», einer Wladiwostoker Zeitung, «als sich, blaß vor Erregung, Belyj von seinem Sitz erhob und erklärte, er habe sich gar nicht vorstellen können, daß im zeitgenössischen Rußland eine Dichtung entstehen könnte, so gedankentief, so stark im poetischen Ausdruck; dieses Werk habe die gesamte heutige Weltliteratur weit hinter sich zurückgelassen . . .»

Wsewolod Pudowkin

Schon rumoren in Majakowskis Kopf die Versdialoge der werdenden großen dramatischen Kantate oder Massenrevue *Mysterium buffo,* doch einstweilen widmet er sich der Kinematographie, schreibt ein Filmdrehbuch nach dem anderen. Kein Geringerer als Lenin bewertet die Filmkunst als wichtigste und eigentliche Massenkunst der neuesten Zeit; er unterstützt das Kino im revolutionären Rußland auch als wirksame Handhabe zur Aufklärung und Erziehung breiter Bevölkerungsschichten. So stürzt sich denn Majakowski in die noch ganz junge Moskauer Kinematographie. Seine Neigung für den Film ist nun keineswegs neu. Dreizehnjährig aus Georgien nach Moskau gelangt, hat er sogleich für sich das (damals, 1906, noch primitive) Lichtspieltheater entdeckt. «Mehr als irgendwas hielt ihn das Kino gepackt; Wolodja war imstande, an einem Abend drei Filme hintereinander anzusehen . . . Hatte er gelegentlich kein Geld, so schlich er sich schwarz ins Kino, wobei es oft Krakeel und Ärgernis gab, aber für den Film war Wolodja zu jedem Opfer bereit.» Das berichtet seine Schwester Ludmila in ihren Erinnerungen. Nach Abfassung eines theoretischen Aufsatzes *Theater, Kinematograph und Futurismus* (eine der ersten essayistischen Arbeiten über dieses Kunstgebiet in Rußland) schreibt Majakowski Kinoszenarien: eines nach Jack Londons Roman «Martin Eden», ein anderes nach einer Erzählung von Edmondo d'Amicis, dann erfindet er eigene Drehbuchstoffe, beteiligt sich an der Regiearbeit, übernimmt Rollen, gestaltet die Schauplätze, überwacht die Dreharbeiten, zeichnet auch die Werbeplakate. Trotz Erfolgen wird er dieses neuen Betätigungsfeldes nicht froh. Unzufrieden nennt er seine Filmstücke *empfindsame Windbeuteleien auf Bestellung* und präzisiert solch harte Selbstkritik: *Es waren Machwerke, nicht weil sie schlechter als die übrigen, sondern weil sie nicht besser waren.* Freilich muß unterstrichen werden, daß er sich selbst als Filmschauspieler unterschätzt hat. Hier sind ihm etliche damals noch neue Spielweisen eingefallen. Seine Akteurarbeit im Stummfilm zeichnet sich durch auffallende Natürlichkeit aus, durch sparsame, lebensnahe Mimik. Er macht weder die «dämonischen Augen» noch die zackigen Gesten der damals berühmten Filmsterne nach. Er hastet nicht, übertreibt und zappelt nicht und nimmt dank eigenem Geschmack und sicherem künstlerischem Urteil eigentlich die heutigen Normen filmischer Darstellung praktisch vorweg.

Sergej M. Eisenstein

Pudowkin und Eisenstein haben ihm damals manche fachmännische Anregung zu verdanken gehabt. Unter anderem beantragt er im Volkskommissariat für Aufklärung: dies staatliche Amt solle eine besondere Filmsektion gründen, sich um die planmäßige Schaffung von Drehbüchern sowie um die Förderung der Filmproduktion kümmern, kurz, es möge die russische Kinematographie aus den privatkapitalistischen Kinderschuhen überleiten zur gemeinwirtschaftlichen Ordnung. Majakowskis Vorschläge waren praktisch die ersten Schritte auf dem Wege zu einer staatlichen Filmgesellschaft im Sowjetland. Unermüdlich entwickelt er neue Pläne zur Revolutionierung des künstlerischen und literarischen Lebens, schafft die für ihn bezeichnende Neueinrichtung seiner großen öffentlichen Rezitationsabende mit Diskussion, hält Vorträge über zeitnahe Literaturfragen und verbringt Nächte bei heißen Debatten mit Anhängern und Widersachern im Poetencafé. Die Oktober-Umwälzung hat ein Novum hervorgebracht: den Dichter als Mann der breitesten Öffentlichkeit, den poetischen Beruf als anerkannte und maßgebende gesellschaftliche Funktion im Staat. Damit hat (im Prinzip) Dichtung aufgehört, eine Ware zu produzieren; Dichtung will als Obliegenheit eines Volksmannes, als Dienst am neuen Gemeinwesen ausgeübt sein. Die Kreise des Poetischen und des Politischen überschneiden sich, rücken ineinander. In solchem Geiste entsteht unter Majakowskis Feder jetzt das erste sowjetische Theaterstück, zugleich das erste auf einer Sowjetbühne aufgeführte Werk: *Mysterium buffo*.

Der Frühsommer 1918 sieht den Dichter wieder in Petrograd, der Hochsommer im ländlichen Vorort Lewaschowo: hier wird eifrig am *Mysterium* gearbeitet, an dessen Urfassung, die letzten Endes ein *heroisches, episches und satirisches Abbild unseres Weltalters* werden soll. Mit diesem Werk erteilt Majakowski jenen Kräften Antwort und Abfuhr, die zurück wollen zu der einen oder anderen Staats- und Gesellschaftsform von gestern; vor allem gilt sein Zorn den Weißgardisten, den Aposteln einer Monarchie oder Militärdiktatur.

Zugleich ist *Mysterium* sein Hymnus auf die Machtergreifung durch die Werktätigen. Das dramatische Poem erinnert an die Form mittelalterlich-religiöser Weihespiele, ordnet jedoch die kirchliche, sakrale Szenenführung den Forderungen der satirischen Buffonerie unter, sozusagen einer überstilisierten Narrenposse. Es knüpft an die besten Traditionen des linksgerichteten politischen «Überbrettls» an, bevorzugt aber das Allegorische gegenüber dem Parodistischen. Selten ist mit dermaßen erfinderischer Laune und Keckheit ein durchaus aufführbarer, versifizierter Theatertext geschrieben worden: *Schauplätze der Handlung: 1) das gesamte Weltall, 2) die Arche, 3) die Hölle, 4) das Paradies, 5) das gelobte Land*. Später, in der Zweitfassung von 1920, ist vor die letzte Szenerie noch ein vorletzter Schauplatz eingeschoben worden: *das Land der Trümmer*. Majakowski stellt die Revolution als Sintflut hin, aus der sich die Bourgeoisie rettet, indem sie die Arche bauen läßt, worin *sieben Paar reiner Wesen*, Repräsentanten der Oberklasse, mit *sieben Paar unreiner Wesen*,

Plakat zur Uraufführung des «Mysterium buffo» in Petrograd. Von Majakowski gezeichnet

Arbeiterschaft, dahinsegeln. In der Arche spielen sich nun recht stürmische Geschehnisse ab. Die «Reinen» sind drauf und dran, in der schwimmenden Gemeinde die Macht zu erobern. Die «Unreinen», die sich anfangs haben kleinkriegen lassen, organisieren nun eine Meuterei und werfen die «reinen» Herrschaften über Bord. Ein *Zukunftsmensch* rät den Siegern, sich auf den Weg zu machen, um *das gelobte Land* zu suchen: dies Land erweist sich als Räterußland. Kein Wunder, daß die Bühnenrealisierung dieses Stücks auf heftigen, ja empörten Widerstand bei den alten Schauspielern stieß. Sie weigerten sich, in dem sündhaften, lästerlichen Spektakelwerk mitzumachen – ja sie bekreuzigen sich beim bloßen Lesen seiner Versdialoge. Und lange wird auch nach einem geeigneten Schauspielhaus für die Aufführung gesucht; bis das Musikdramatische Theater (im Petrograder Konservatorium) sein Haus einstweilen zur Verfügung stellt ... Wenige Tage vor der Uraufführung erscheinen auf Hauswänden, Zäunen und Litfaßsäulen der Newastadt seltsame große Anschlagzettel: *Am 7. November, zur Feier des ersten Jahrestags der Oktoberrevolution, wird Majakowskis Stück «Mysterium buffo» gezeigt werden. Alle, die in diesem Stück mitzuwirken wünschen, mögen sich gütigst in den Räumen der Tenischewschen Lehranstalt einfinden. Dort werden alsdann die Geeigneten ausgesucht und die Rollen verteilt ...* Majakowski hat jedes dieser Plakate eigenhändig gepinselt, auch beim Anschlagen mitgeholfen, und schon muß das Pensionsstubenmädchen Tonja kreuz und quer durch die Gassen der Stadt laufen und die vom Herbstwind losgelösten Zettel mit Reißnägeln wieder befestigen. Der ursprüngliche Textentwurf ist wortreicher: *Das Kommunaltheater des Musikdramas: Am siebten und achten November d. J. feiern wir, Poeten, Maler, Regisseure und Schauspieler, das Jahresjubiläum der Oktoberrevolution mit einer Revolutionsvorstellung. Wir geben das «Mysterium buffo», das heroisch-episch-satirische Konterfei unserer Epoche, verfaßt von Wladimir Majakowski. Erstes Bild: die Weißen und Wahren flüchten vor der roten Sintflut. Zweites: Arche, die Reinen drängen den Unreinen einen Zaren auf und eine Republik. Ihr werdet selber sehn, was dabei herauskommt. Drittes: das Inferno, woselbst die Arbeiter den Beelzebub persönlich zum Teufel schicken. Viertes: das Paradies, derbe Auseinandersetzung eines Landarbeiters mit Methusalem. Fünftes: die Kommune, sonniges Fest der Dinge und Arbeitsmenschen.* Der Dichter veröffentlicht auch einen Appell in der Zeitung: an die Theaterleute. Die Mitbürger, die kommen, um mitzuspielen, sind Betriebsarbeiter, Seeleute, junge Burschen, darunter gibt's solche, die nicht lesen können, aber bereit sind, sich die Rollen vorsprechen zu lassen und sie hernach auswendig zu lernen. Etwa 350 Darsteller waren endlich beisammen, verliefen sich aber zum Teil während der Proben, so daß Majakowski schließlich selber den messianischen «Menschen der Zukunft» (der in der Urfassung «ein Mensch schlechthin» hieß) und bei der Premiere auch noch den Methusalem und einen Teufel spielen mußte. Der Autor macht zugleich den Spielleiter, lehrt die Mitwirkenden Verse sprechen, besorgt Dekorationsstücke und Nägel, hämmert und schiebt Kulissen. Das Stück wird nach drei erfolgreichen Aufführungen abgesetzt. Manche erklären: «Das war die lustigste Sache in Rußlands Bühnenliteratur seit Gribojedovs ‹Verstand schafft Leiden›!» Die Arbeiter stehen zu dem Stück und verschaffen sich dessen Erstdruck, der in einer Futuristenchrestomathie «Das Roggenwort» erschienen ist. Doch die Klassikeranwälte wollen es nicht im Spielplan dulden und erklären es für unpopulär. Zwei Tage vor der Uraufführung hat aber Lunatscharski in der «Petrograder Prawda» den entgegengesetzten Standpunkt vertreten: «Das einzige Bühnenwerk, das unter dem Einfluß unserer Revolution ersonnen und darum durch ihr Gepräge ausgezeichnet ist, ein unternehmend keckes, in Dur-Tönen gehaltenes, gleichsam in ostentativem Sperrdruck auftretendes Theaterwerk, ist Majakowskis *Mysterium.*» Eigentlich hat nur das damalige Fehlen eines entsprechenden Großschauspielhauses mit ständiger Truppe die Weiter- und Wiederaufführung verhindert. In der Provinz spielt man es ab 1921 in vereinfachter Inszenierung noch oft. Majakowski liest Auftritte daraus unzählige Male in Fabriken und Arbeiterklubs – man lauscht, begreift, dankt, das Werk spricht sich herum, es wird wahrhaft populär. Zweieinhalb Jahre später, in einer aktualisierten Neufassung, erobert es die Bühne des Moskauer Meyerhold-Theaters und bleibt dann monatelang im Repertoire dieses Hauses. Es erzielt hier mehr als hundert ausverkaufte Vorstellungen, und Ende Juni 1921 wird es gar in einer Festaufführung zu Ehren der Delegierten zum III. Komintern-Weltkongreß auf der amphitheatralisch hergerichteten Arena des Moskauer Staatlichen Zirkus in deutscher Sprache gegeben und hier bei großem Zulauf noch zweimal wiederholt. Für die Neufassung hat Majakowski einen Vorspruch verfaßt, der 1921 zum erstenmal gedruckt wurde und der uns heute durch eine (damals von niemand ernst genommene) strikte Vorhersage der sowjetischen Weltraumfahrt für die siebziger Jahre unseres Jahrhunderts überrascht: *«Mysterium buffo» ist ein Weg. Der Weg der Revolution. Niemand kann mit Genauigkeit voraussagen, welcherlei Gebirge wir noch werden sprengen müssen, da wir diesen Weg beschreiten. Heute bohrt uns das Wort «Lloyd George» ins Ohr, und morgen werden sogar die Engländer selber diesen Namen vergessen haben. Heute drängt stürmisch der Wille von Millionen zur Kommune, und in einem halben hundert Jahre werden vielleicht die Großflugschiffe der Kommune sich in den Raum werfen – zum Sturm auf ferne Planeten . . .* Und der Dichter entschließt sich daraufhin zu der völlig neuartigen Erläuterung: – seines Dramas Wortlaut sei nur vor- und beiläufig, er müsse mobil und labil gehalten werden, um seiner werbenden Bestimmung jederzeit, auch unter veränderten Bedingungen, gerecht zu bleiben: *Darum habe ich den Weg (die Form) belassen und wiederum die Teile der Landschaft (den Inhalt) verändert. All ihr künftigen Schauspieler, Inszenierer, Rezitatoren und Herausgeber des «Mysteriums buffo», ändert jeweils seinen Inhalt, macht ihn zeitgemäß, heutig, minutengerecht!* Zur Zweitfassung hat Majakowski auch einen neuen Prolog geschrieben, der sich zunächst gegen das psychologische Theater (Stanislawskijs) wendet, die Abkehr vom intimen Kammerspiel (Tschechovs) verkündet und alsdann den universalgeschichtlichen Inhalt und Verlauf des *Mysteriums* vorausskizziert: ... *Gewiß zeigen wir ein Stück / vom wirklichen Leben, / nur lassen wirs vom Theater / ins Ungewöhnliche heben. / Der erste Aufzug führt im Sinne: / daß die Erde – rinne. / Alsdann Gestampf, / Sintflut, Fluchtstrom, revolutionärer Kampf. / Und ähnlich wie im biblischen Märchen: / sieben unreine und sieben reine Pärchen. / Das heißt: / vierzehn Habenichts-Proleten / und vierzehn Bourgeois-Kapazitäten. / Und zwischendrin mit tränendem Blick / ein kleiner, reiner Menschewik. / Den Pol überflutets, / letzte Zuflucht schwindet, / und Männer und Frauen / beginnen eine Riesenarche zu bauen. / Im zweiten Aufzug wird die Archenstatt / bevölkert und macht ihr Wesen publik: / hie absolutistischer Monarchenstaat, / hie demokratische Republik. / Aufheult menschewistischer Mißakkord: / schon schmeißt man die Reinen / kopfüber über Bord. / Im dritten Aufzug wird man sehen: / den Arbeitern / kann überhaupt nichts geschehen. / Nicht mal der Teufel im Höllenschlund / gibt ihnen zu Befürchtungen Grund. / Im vierten Akt / darf euch das Lachen schütteln: / er soll euch bildlich / das Paradies übermitteln. / Im fünften meldet sich der Ruin; / mit seinem Rachen ungemessen / sieht man ihn alles zerstören und fressen. / Ja, schafften wir auch mit hungrigem Magen, / wir haben dann doch / den Ruin geschlagen. / Im sechsten Aufzug – / da siegt die Kommune. / Und der Saal / in seiner Breite und Länge / sei ganz Auge und breche aus / in Gesänge!* ...

Es ist ein beklemmender Friede, ein Raubfriede, den die deutsche Generalität (kurz vor ihrem eigenen Zusammenbruch) der jungen Sowjetrepublik in Brest-Litowsk diktiert: Verlust (bzw. deutsche Besetzung) Polens, Belorußlands, der Ostseeländer, Finnlands, der Ukraine, Transkaukasiens, Bußzahlung von 6 Milliarden Rubel. Und doch war's ein Erfolg der Sowjetdiplomatie, denn Brest bot die Atempause, führte das Land aus dem Krieg heraus, ermöglichte Demobilisierung der morschen Zarenarmee und Aufbau der Roten Armee aus Arbeitern und Bauern. Lenin schloß diesen Frieden im März 1918 mit der Einsicht: «Raum verloren, Zeit gewonnen!», um die Sowjetmacht zu festigen; er hat ihn nach der deutschen Novemberrevolution 1918 für hinfällig erklärt. Indes, das bedeutsame Jahr 18 blieb nicht Atempause; es brachte den Beginn der ausländischen Intervention und des Bürgerkriegs. Die Imperialisten draußen und die Gegenrevolution drinnen begreifen, daß die Rätemacht in Rußland nicht von selbst zusammenbrechen wird. Also mischen sie sich ein, veranstalten Großbauernrevolten, Kosakenaufstände, spenden Waffen und Geld für den Überrest der zaristischen Armee. England, Frankreich, Japan und die USA schreiten in Rußland bewaffnet ein. Briten und Franzosen landen in Archangelsk und Murmansk, Japaner in Wladiwostok. Die gestürzten Generale Kornilow, Denikin, Alexejew

Der Waffenstillstand von Brest-Litowsk: Ankunft der russischen Delegation

stellen im Nordkaukasus «Freiwilligenkorps» auf. Die Weißgardisten Krasnow und Mamontow operieren, vom Ausland finanziert, am Don. Schwere, konzentrische Angriffe bedrohen die nur noch auf Mittelrußland und Petrograd beschränkte Räterepublik. Daß die Bolschewiki dieser ersten historischen Probe standhielten, verdankten sie dem festen Bündnis zwischen den Arbeitern und den werktätigen Bauern und der klugen, tatkräftigen Politik Lenins. So sah die Lage aus, in der Majakowski zu Petrograd den *Linken Marsch* schrieb und ihn *den Matrosen* widmete. Dieses stärkste Kampfgedicht unseres Jahrhunderts wirkte 1918 und noch später buchstäblich wie der seinerzeit zu Straßburg in der Nacht vom 25. auf den 26. April 1792 von dem Offizier Claude Rouget de Lisle für die französische Rheinarmee gedichtete und dann auf dem Pariser Föderationsfest der Jakobiner am 25. Juni 1792 von einem Marseiller Freiwilligenbataillon verbreitete Revolutionsgesang «Allons, enfants de la Patrie!» Beides sind nationale Notrufe, beides Anti-Interventions-Alarmfanfaren, beides geniale Revolutionsappelle an den Nationalstolz wie an das soziale Regenerationsbewußtsein der Massen. Und da mittlerweile der Begriff einer psychologischen Kriegführung aufgekommen ist, kann mit Gewißheit behauptet werden: beides sind unwiderstehliche Kampfmittel, weil sie gleichermaßen vom seelischen Beweggrund der «guten Sache» und des «gerechten Krieges» herkommen.

HUNDERTFÜNFZIG MILLIONEN WEHREN SICH

Im März 1919 siedelt Majakowski aus Petrograd wieder nach Moskau über. Hier ist man dem pochenden Herzen der Revolution näher. Hier hat man unmittelbar Anteil am geistigen Triebwerk aller zeitgenössischen Voraus-Impulse. Und hier erscheint im Mai 1921 ein anonymes Poem im Druck, unter dem Titel: *150 Millionen*, worin zwar mit Reimversen, doch ganz im Ton der altrussischen «Bylinen», der epischen Volksdichtungen eines rhapsodischen Bardentums, vom Zusammenstoß zweier Welten erzählt wird: Räterußlands und der Macht des Kapitals. Als Autor dieser Gegenwartssaga wird gleichsam das gesamte Sowjetvolk ausgegeben, das sich damals auf hundertfünfzig Millionen beziffert. Es soll gewissermaßen ein Werk modernster Folklore mit besonderen Stilmitteln angedeutet, ein Selbstgespräch der ganzen Nation monumental versinnbildlicht werden. Der Verfasser bleibt ungenannt, doch verrät der eigenwillige Bau und Rhythmus der Verse, ihr Impetus und Donnerton sogleich den Sprachstil Majakowskis. Ein Bylinenheld und Riese Iwan, in symbolischer Sammelgestalt das ganze russische Volk verkörpernd, kämpft seinen epochalen Daseinskampf gegen den großen Widersacher, kämpft mit naturhafter, mit elementarer Geste, wobei ihn

Blatt aus der ersten Niederschrift des Poems «150 Millionen». Notizbuch von 1920

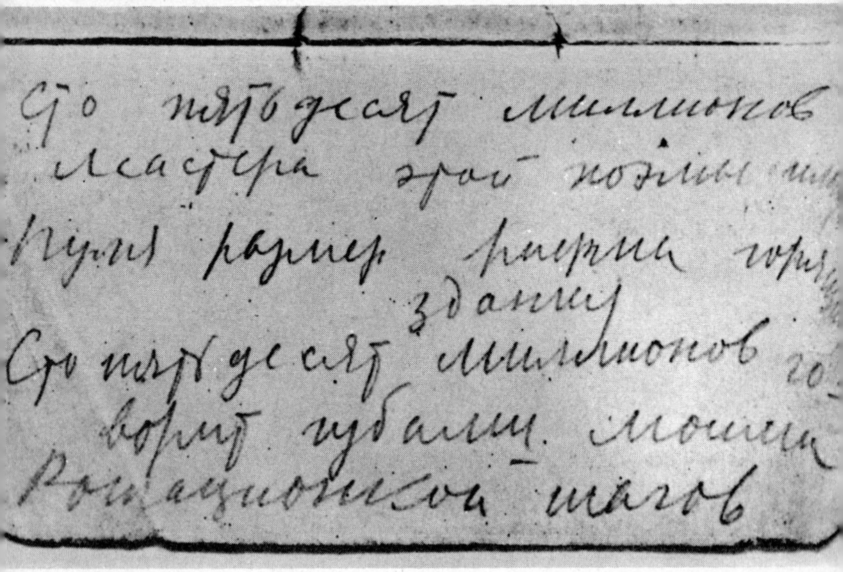

aber keinen Augenblick das Gefühl verläßt, den allumfassenden Ideen der Zeit zu dienen. Das Werk ist beherrscht von Siegeszuversicht, vom Elan einer gleichnishaften Bildersprache und entbehrt nicht der balladischen Konzentration, doch erscheint hier (in weit höherem Maße als im *Mysterium*) die konkret-historische Darstellung durch abstrakt-mythologische Verallgemeinerungen verdrängt. Präsident Thomas Woodrow Wilson, beispielsweise, der 1918 nach dem Sieg über Deutschland das 14 Punkte-Programm zur Sicherung der imperialistischen Nachkriegsverhältnisse zugunsten des USA-Monopolkapitals verkündet hat, wird in dem Poem zur Personifizierung ganz Amerikas erhöht, als gäbe es in der sogenannten Neuen Welt nicht auch wirkliche Elemente einer neuen Welt: eine Arbeiterschaft, eine oppositionelle Gewerkschaftsbewegung, eine Auflehnung der enttäuschten Intelligenz, eine antimilitaristische Strömung, eine große kritisch-realistische Literatur, einen echten Widerstand gegen die Rassenfeme. Das futuristische Dilemma Majakowskis tritt noch 1920 in seinem theoretischen Postulat hervor: *Poesie läßt sich nur durch Jetztzeitlichkeit aufnehmen. Der revolutionärste Inhalt verliert diesen seinen Charakter, wenn ihm keine revolutionäre Beziehung zum Wort innewohnt.* Majakowski weist auf jener Schaffensstufe dem Faktor «Sprache» als vorausgegebenem *Ur-Element der Literatur* absoluten Vorrang an. Das bringt gerade in den *150 Millionen* ein hemmungsloses Experimentieren mit der Versdiktion auf den Plan. Im Verein mit der simplifizierten, undialektischen Vorführung der beiden sozialen Welten (die der erkenntnistheoretischen, von Lenin in seiner Hegel-Kritik betonten Formel «Zwiespaltung des Einigen» widerstritt) bedeutete die teils modernistische, teils archaisierende Willkür der Sprachform in den *150 Millionen* einen Rückschritt gegenüber dem *Mysterium buffo*. Lunatscharski bezeugt, daß Lenin gegen das neue Poem ernstliche Einwände hatte und ihm keinen Geschmack abgewinnen konnte: «Er fand dies Buch gekünstelt und verschroben» – womit zweifellos gerade die von der futuristischen Manier herrührenden Merkmale gemeint waren.

Das Land durchlebt 1919 gefahrdrohende Tage. Das Leben wird auf neue Art kriegerisch. Die in den eisernen Ring der Konterrevolution gepreßte Räterepublik spannt alle verfügbaren Kräfte an, um dem feindlichen Druck an allen Bürgerkriegs- und Invasionsfronten standzuhalten. Da fühlt sich Majakowski mobilgemacht und einberufen. Er verläßt den Schreibtisch, die Literatenzirkel, die Kellercafés der Kunstjünger. Er beginnt seine Arbeit an den berühmten «Rosta»-Fenstern. «Rosta», Vorläuferin der heutigen «Tass», war der Kurzname für «Russische Telegraphen-Agentur». An einem Herbstmorgen jenes gewittrigen Jahres 1919 erschien in der Auslagenvitrine eines leerstehenden Kaufladens an der Twerskaja im Zentrum von Moskau das erste «Fenster der Satire», ein mächtiges Paneel, das man als vergrößertes Blatt aus einer satirischen Zeitschrift hätte bezeichnen können. Eine Woche darauf hängt man das nächste Großblatt ins Schaufenster. Vier Wochen später stellt sich Majakowski dem «Rosta»-Kollektiv und bleibt dessen Mitarbeiter als Textdichter und Plakatzeichner. Die Republik hat wenig Druckereien, lithographische Werkstätten, Anstalten für Rotationspresse. Viele typographische Betriebe sind stillgelegt. Doch braucht die Republik Presseagitation und Kampfpublizistik wie noch nie. Hier springt das Plakat, das Karikaturenpaneel, der gezeichnete und bemalte Aushang in die Bresche. Majakowski ist der Mann dafür, wie keiner. Er liegt im ungeheizten Atelier pinselnd und dichtend auf dem Boden, malt Tag und Nacht Wandsprüche, umreißt allegorische Figuren, komponiert ganze Bilderfolgen mit entsprechenden Reimtexten. Mit einigen Gefährten, hauptsächlich Zeichnern und Graphikern, schafft er in telegrafischer Windeseile, im tagtäglichen Wettlauf mit den Weltereignissen, mit dem Frontgeschehen, mit den wechselnden Nöten der Bürgerkriegsexistenz, mit den Kampfsituationen innen und außen. Es geht jetzt um Sein oder Nichtsein des neuen Rußland. Bild und Wort sollen mitkämpfen, sollen zu fernwirkenden, zielsicheren Waffen werden. *Tage und Nächte gehören der Rosta. Verschiedentliche Denikins greifen an. Schreibe und zeichne. Brachte an die dreitausend Plakate und an die sechstausend Beschriftungen zuwege.* Man treibt für die kalte Riesenwerkstatt einen Eisenofen auf. Der Rauch ätzt die Augen. Wenn die Erschöpfung den Poeten übermannt, legt er sich auf eine Matte, *unterm Kopf kein Kissen, sondern ein Holzscheit, zu dem Zweck, um nicht zu verschlafen und rechtzeitig die Augenwimpern von allerhand Judenitschs und Denikins zu umreißen.* Und schon bringt ein Bote wiederum neue Pressedepeschen. Majakowski durchfliegt die Meldungen, sucht das Wichtigste heraus, skizziert die aktuellen Themen, entwirft den einen und anderen Wortlaut, verteilt die Aufgaben unter die Kameraden, worauf man rasch die ersten Lösungsversuche aufs Papier wirft, um sodann die Schablonen zu schneiden, durch die jedes Plakat hindurchgepinselt wird. Die Durchmalmuster bieten Vervielfältigungsmöglichkeiten: es entstehen jeweils mehrere Plakate von gleichem Inhalt. Die Beschriftungen, meist Kurzstrophen, appellieren, werben, spotten, klagen an, klären auf; sie müssen schlagend gereimt werden. Sie sind jedesmal erregend, sprechen sich herum, gehen auswendig durchs Bewußtsein der Stadt, kaum daß man sie in diesem oder jenem Aushang am Straßeneck im Vorbeigehen gelesen hat. Majakowski wird zum anonymen Spruchdichter, seine Spottverse, seine Farbkarikaturen, seine Losungen ersetzen auch die fehlenden Zeitungsblätter, die Menge staut sich zuzeiten vor den «Rosta»-Schaufenstern, um Neuigkeiten von den Bürgerkriegsfronten und aus der weiten Welt zu erfahren – sie erfährt sie in einer kommentierenden Bilderfolge und Figurenschrift, die jedesmal leidenschaftlich Stellung nimmt und durch ihre Tendenz überzeugt und ansteckt. Majakowski widmet sich dieser aufreibenden Arbeit nicht nur *mit dem ganzen Krafteinsatz der Ernsthaftigkeit und des Könnens,* sondern er nutzt die Gelegenheit, um geschmackveredelnd und stilbildend aufs Niveau der Plakatkunst einzuwirken. Auch glaubt er, solch publizistischer Werktag reinige

Majakowski arbeitet in der «Rosta» (1920).
Zeichnung von A. Njurenberg, 1940

des Dichters Sprache *von poetischer Schale, Hülse, Rinde* und erziehe ihn zur Wortökonomie. So entstehen Tausende von Leitsätzen, Denksprüchen, Maximen voller Witz, Anzüglichkeit, Spott, Zorn, Begeisterung – immer in volkstümlicher Prägnanz und Treffsicherheit und oft mit parodistischer Abwandlung eines alten Sprichworts oder einer geläufigen Sentenz. In solch einprägsam-geflügeltem Stil schreibt er auch Flugblätter, Agitationsbroschüren in Versen, satirisch-politische Fibeln, Bilderbücher für Erwachsene. Er erläßt *Tagesbefehle* für die *Kunst-Armee*, die er öffentlich zu verlautbaren empfiehlt – *an alle Futuristen-Geschwader, Klassizisten-Zitadellen, Symbolisten-Giftgaskommandos, Realisten-Troßfahrtrupps und Imaginisten-Marketenderzüge* ... Hatte Immanuel Kants Ästhetik und die klassische Hochkunst des Bürgertums durchaus «interesseloses Wohlgefallen an einem schönen Gegenstand» gefordert und das Selbstzweck-Credo, die Entwicklung zu «l'art pour l'art» gefördert, so predigt nun dieser klassische Poet der proletarischen Revolution unbedingt die soziale Zweck- und Nutzbestimmung der Kunst in äußerster Dienstentschiedenheit. Dabei geht er, vom Futurismus zur «Lef» (Linksfront)-Bewegung fortschreitend, zunächst hinweg über Lenins Forderung einer parteiischen, parteimäßigen, tendenziös-volksnahen und

Majakowski mit seinen Zeichnerkollegen in der «Rosta» (1920). Links: M. Tscheremnych; rechts: J. Maljutin

dabei musisch-meisterlichen Kunst, die auch formal als Erbin klassischer Vergangenheit aufträte. Majakowski schießt übers Ziel hinaus, verlangt reine Gebrauchskunst, Faktographie, Ausweisung der alten Schönheit. Er verbannt die Musen ins Museum. Zerpflückt sei Puschkin! Vom alten, antirealistischen Formenkult gelangt er zu einem neuen, ultrarealistischen Formenkult. Majakowskis berühmte (und berüchtigte) *Tagesbefehle* sind programmatische Manifeste dieser Gesinnung.

Hier eine Probe aus dem *Befehl Nr. 2*, der allerdings aus dem Jahre 1921 stammt, aber messerscharf die «Lef»-Parolen geltend macht und eine literarische Bürgerkriegsurkunde darstellt: . . . *Dies gilt euch – / papierkostümierte Mystiker, / verrunzelter Stirnen Faselgedünst, / Futuristiker, Imaginistiker, Akmeistiker, / ganz verspinnwebt im Reimwerk-Gespinst. // Dies gilt euch – / voreinst Schniegelköpfe, jetzt Igelschöpfe, / auf Bastschuhen schimmernder Lack, / Proletkult-Leute, / wechselnd nur Taschen und Knöpfe / am gewendeten Puschkinschen Frack. // Dies gilt euch – / die ihr tanzend flötet, / im Verrat nicht errötet, / die ihr heimlich sündigt, / eine Zukunft / aus akademischen Großportionen verkündigt. // Euch tu ich kund – / egal, / ob ich genial bin oder nicht-genial, / ich habe den Nippsachen Adieu gesagt, / mich hinein ins «Rosta»-Milieu gewagt. / Ich sage euch, – / bevor man euch mit Gewehrkolben jagt: / «Laßt es sein!» // Macht Schluß! Vergeßt! Pfeift drauf! / Keine Reime noch Arien, / keine rosa Rosarien / noch sonstigen Ramsch aus den Kunst-Arsenalen! / Wen interessiert noch / das schwärmerische Blech / bittersüßlicher Herzensqualen / nebst tränenseligem Liebespech? // Meister / brauchen wir, Ausbesserer, Entschädiger – / und keineswegs langhaarige Prediger! / Aufgepaßt! / Stöhnen nicht verschmachtende Loks: / «Donez, schick uns rasch deine Kohlen!» / Pfeift nicht der Eiswind in die Werkstatt-Box: / «Rasch laßt den Schlosser, Mechaniker holen!» // Gerammte Riesen der Flußschiffahrt, / dumpf in erzwungener Ruh, / heulen am Stromrand auf eigene Art: / «Gebt uns das Öl von Baku!» // Indes wir hier trödeln, hadern, / den Sinn der Welträtsel suchen, / von neuen Formen salbadern – / brüllen die Dinge und fluchen. // Keine Tölpel gibts, / wartend auf einer Verkündigung Gunst, / gaffend: was werden die Maestri heut geben? / Genossen, schafft eine neue Kunst, / geeignet, / die Republik aus dem Unrat zu heben!*

Majakowski ruft auf zur Einigung aller literarischen Kräfte im Interesse der bedrohten Revolution, im Dienste der kämpfenden Republik. Die Nöte der Bürgerkriegsfront und der Wirtschaft, die Zerrüttung der Jahre 1919 bis 1921, die Gewitterwolken der großen Umbruchzeit überschatten einstweilen den Inbegriff aller zünftigen, die Schaffensmethoden betreffenden Streitfragen. Der Dichter selber setzt die ganze Macht seiner Begabung an dem jeweils wichtigsten, meistbeanspruchten Punkt ein. Und kaum ist der Ring des Imperialismus gesprengt, die militärische Umklammerung durchbrochen, die Blockade gelöst, die Neue Ökonomische Politik (mit Wiederzulassung eines begrenzten und kontrollierten kapitalistischen Sektors) in Kraft gesetzt, schon stellt sich Majakowski auf neue akute und aktuelle Zeitaufgaben ein. Jetzt braucht der Sowjetstaat zum erstenmal sozialistische Handelsreklame im Konkurrenzkampf mit dem NÖP-Sektor auf dem inneren Markt. Sofort entwirft Majakowski Plakate zugunsten des staatlichen und des genossenschaftlichen Handelsgefüges, dichtet Werbesprüche für die Kaufhäuser des «MosSelprom» (Moskauer Agrarkooperative), seine Wettbewerbsreime für den Warenabsatz des gemeinwirtschaftlichen Wirtschaftssektors bedecken Hauswände der Hauptstadt. Keine Anforderung ist dem Dichter zu prosaisch, wenn's gilt, den Aufstieg des sozialistischen

Gemeinwesens zu sichern. Die modernen Längenmaße und Gewichte sollen im Sowjetland eingebürgert werden. Kultur-«Feldzüge» sollen aufs Feld zu den Bauern kommen, ihnen Bücher, Zeitschriften, Presseerzeugnisse näherbringen und, wo noch nötig, das Analphabetentum liquidieren. Moderne Hygiene, Sauberkeit, Verhütung von Krankheiten sollen Eingang finden ins sowjetische Dorf. Der Teufel des Alkoholismus soll ausgetrieben werden. Krieg, Bürgerkrieg, Interventionen haben Zerrüttung, Verfall, Ruin hinterlassen. Das Elend hat Lotterwirtschaft, Schlamperei und Schlendrian gezüchtet. Der Wiederaufbau des so arg heimgesuchten Landes erfordert keine geringere Anspannung als der bewaffnete Kampf im Bürgerkrieg. Und all dem will Majakowski seinen Kopf, sein Herz, seine Feder weihen, endgültig und bedingungslos. Er will sich dem historischen Erfordernis ganz unterordnen. Er ist ohne Zögern bereit, *bebenden Hauchs dem eigenen Lied auf die Kehle* zu treten, wenn der Tag es verlangt. Vielleicht denkt er an Tschernyschevskij, an Nekrasov, an all die edlen Geister des abgelaufenen Zeitalters, an Rußlands revolutionärdemokratische Poeten, die «ins Volk gingen» und im Volk aufgingen, an Rußlands dichtende Humanisten, die den fortschrittlichen Gesellschaftsinteressen ihr Dasein, Glück und Eigenleben opferten. Kein Weg war ihnen zu steinig, keine Entbehrung zu hart, wo es galt, der Erfüllung näherzukommen, die er, Majakowski, nun hat erleben dürfen. Vielleicht denkt er auch an den bewunderten Poeten Walt Whitman, der im amerikanischen Bürgerkrieg als Sanitäter und Lazarettgehilfe sich ganz darbrachte und aufrieb in der Verwundeten- und Krankenpflege. Keine Spur von Pose wohnt diesen Versen inne: *Ich, der Assanierer mit dem Stadtsprengwagen, / den die Revolution mobilisierte und entsandte, / kam zur Front aus den herrschaftlichen Gartenbauanlagen / der Dichtkunst, jener launischen Tante.*

Es fehlt nicht an verbissenen Schöngeistern, an Kollegen mit gepflegten Händen, die, jeder «schmutzigen Plackerei», jedem harten Zupacken abhold, Majakowski mit Ermahnungen zusetzen: er möge seinen Wert «nicht in Scheidemünzen verplempern», seine Gaben «nicht in der Kommunalschreibstube verzetteln», er möge, eingedenk seiner literarischen Priesterwürde, nicht klein beigeben vor den «Funktionären». Majakowski fühlt sich selbst als Träger verantwortungsvoller Funktionen. Wie weit entfernt ist er 1920 von seinem Standpunkt im vorletzten Jahr: *Weshalb nicht in der Partei? Die Kommunisten arbeiteten an den Fronten. Auf dem Feld der Kunst und der Volksbildung taten sich vorderhand Kompromißler um. Mich würde man sicher zum Fischfang nach Astrachan abkommandieren.* Zweifellos hat Majakowskis Überzeugung, er wisse am besten, wo er hingehöre und wo nicht, keinen Berührungspunkt mit dem Dünkel jener Schöngeister, die sich gleichsam mit Glacéhandschuhen an ihn heranmachten, um ihm ihre unverlangten Ratschläge aufzudrängen. Dennoch liegt der Gedanke nahe: 1920/21 und später hätte der Dichter keine Minute gezögert, sich bei den Fischern der Wolgamündung hinter Astrachan anzusiedeln, wofern nach Ansicht der «Funktionäre» dieser Schritt «im Interesse der Sache» gelegen hätte. Die schweren Prüfungsjahre der Republik hatten Majakowskis ursprünglichen Künstlerindividualismus abgeschliffen. Die Begriffe des «Ansinnens», der «Zumutung» von oben haben keine aufreizende, zu unwillkürlichem Widerspruch herausfordernde Macht mehr über ihn. Nur im Zusammenstoß mit literarischen Amtsträgern, editorischen Vorsorgern und Richtunggebern konnte subalterne Überheblichkeit ihm noch empfindlich nahegehen. *Schlage mich durch sämtliche Verschleppungsmanöver, Anfeindungen, Amtsschimmeleien und Sturheiten hindurch,* berichtet er unterm *Jahr 21* im Lebenslauf. Die gesteigerte, ja auf die Spitze getriebene Selbstdisziplin, Unterwerfung unter die Tageserfordernisse der revolutionären Notstandszeiten hat, wie gesagt, bis zur Kunstverleugnung geführt. Auch Zucht kann zur Sucht werden. Man wird solcher Haltung eines Feuergeistes nicht die ethische Bewunderung versagen, auch wenn man die Irrigkeit der Schlußfolgerungen, den abwegigen Verzicht aufs ästhetische Kulturerbe, sehr kritisch in Betracht zieht. Andererseits führte die «Rosta»-Zeit den Dichter auf heilsame Art vom Futurismus weg; sie wurde für ihn zur Elementarschule des Realismus. Auf den «Rosta»-Dienst zurückblickend, gibt ihm Majakowski später folgende Einschätzung: *Es war dies die protokollarische Niederschrift der allerschwierigsten Dreijahrphase des revolutionären Kampfes, festgehalten durch Farbkleckse und Feldgeschrei. Dies war mein Anteil am riesenhaften Agitationswerk der satirischen Rosta-Fenster. Mögen die Lyriker sich an Reimereien erinnern, die ihre Verliebtheit begleiteten. Wir freuen uns, an Zeilen zurückzudenken, die Denikins Flucht von Orjol begleiteten.* Hier lernte man rasches, operatives Reagieren, zielsicheres Entgegnen im Depeschentempo. Das hat Majakowski dankbar geschätzt. Kürze und Konkretheit waren weitere Tugenden wirksamer Werbearbeit des Agitators. «Weshalb», fragte Lenin 1918 in einem Aufsatz «Über den Charakter unserer Zeitungen», «– weshalb sollte man statt 200–400 Zeilen nicht bloß zwanzig, ja zehn benötigen, um einfache, allbekannte, klare, von der Masse in hohem Grade bereits erfaßte Wahrheiten auszusprechen ...»; und er empfiehlt Meisterung einer Ausdrucksweise «in telegrafischem Stil», wie sie der Zeitnot jener Bürgerkriegsjahre entspricht. Ohne Ironie erwähnt Majakowski seine thematische Schwingungsweite von dazumal: *Werbung für die Komintern und fürs Pilzesammeln im Zeichen der Hungersnot, für den Kampf gegen General Wrangel und gegen die Typhuslaus, Anschlagzettel für die Aufbewahrung alter Zeitungen und für die Elektrifizierung ...* Dabei gilt's, sachlich und bündig zu schreiben, die Umgangssprache und die Tongebung des literarischen Volksschaffens auszuwerten, wie es Nekrasov tat. Jawohl, der gigantische Lehrgang des Realismus, wie ihn die Zeit der Kraftprobe jener hundertfünfzig Millionen fordert und fördert, die ihre unsagbaren Opfer nicht umsonst gebracht haben wollten, steht in der Geschichte der euro-

Illustration von David Burljuk zu Majakowskis Gedicht «Seltsames Abenteuer». New York, 1925

päischen Literaturen der Neuzeit einzig da. Jetzt glückt dem Dichter die Umarbeitung des *Mysteriums buffo* im Geiste einer Verdeutlichung, Konkretisierung, Zurückführung der kosmischen Allegorien auf menschlich-irdische Raummaße. Mehr noch, das strahlende Taggestirn selber hält Einkehr bei Majakowski, das Siderische wird zum Tellurischen, wie das Gedicht bezeugt, das als *Seltsames Abenteuer auf dem Lande (Puschkino, Akulowberg, Rumjanzewsches Landhaus, 27 Werst auf der Jaroslawler Bahn)* in den ewigen Bestand russischer Lyrik eingegangen ist:

Die Sonne, hundert Sonnen stark, / versank, die mörderische. / Der Juli ward / vor Hitze arg / in meiner Sommerfrische. / Der Berg von Puschkino war krumm / und hieß: der Haifischhöcker. / Das Dorf / lag um den Berg herum / im Schorf / der krummen Dächer. / Und hinterm Dorf war noch / ein Loch, / und in dies Loch, da stieg er, / der Sonnenball, er sank und kroch / sehr langsam, aber sicher. / Und morgens / wieder, / rot und groß, / kam er zur Welt, wie immer. / So was erbost / mich bodenlos: / mein Grimm / ward im- / mer schlimmer. / Mein Ärger / arg und ärger bald, / schlug über alle Ränder. / Ich brüllte in die Sonne: / «Halt! / jetzt Schluß mit dem Geschlender!» / Ich schalt / die Sonne: / «Taugenichts – / im Bett aus Wolkenwatte! / Mal' mal / im Schweiß des Angesichts / jahraus, jahrein Plakate!» / Ich rief der Sonne: / «bleib mal stehn, / hör zu, Goldlockenkrause! / Statt zwecklos /

auf und ab zu gehn, / komm mal zu mir / zur Jause!» Der Dichter hat das Beschwörungswort fallen lassen; nun hilft keine Reue. *Die Sonne steigt vom Himmelszelt / und humpelt durchs Gefilde.* Sie nimmt die Einladung wörtlich und kommt zum Dichter auf Besuch. Der sitzt in Schweiß und Schrecken und bewirtet den ungewöhnlichen Heimsucher *mit Tee und Eingemachtem.* Die Situation ist bedrohlich. *... Doch wie mein Gast / sich gab, vergaß / ich die Distanz allmählich; / ward mit dem Stern vertraut / und saß / und unterhielt ihn fröhlich. / Bald dies, bald das; / und wie erbost / die Rosta-Arbeit machte ... / Die Sonne sagte: / «Sei getrost. / Und nimm die Sache / sachte!»* Auch sie habe es nicht leicht mit ihrem titanischen Illuminationsgeschäft. Dann wird Freundschaft geschlossen. *Die Sonne meint: / «Weißt du, mir scheint, / wir sind zwei Fachkollegen! / Komm mit, Poet, / laß uns zu zwein / die graue Welt belichten. / Ich lege los / mit meinem Schein, / und du halt – / mit Gedichten.»* Der Pakt ist perfekt, Poet und Weltleuchte ergänzen einander. *Erlischt das Licht / und naht die Nacht, / die immer / einer Nonne glich, / gleich strahle ich / mit aller Macht – / und wieder tagt es wonniglich.* Und nun schließt das balladische Werkchen mit Majakowskis gewaltigem optimistischem Selbstbekenntnis:

«Licht überall und immer / Licht, / bis auf den Grund / der Tonne! / Sei Licht – / und keine Flausen nicht!» / Mein Wahlspruch und – / der Sonne!

Hier lebt und webt das Jahr 1920. Der Waffenlärm im Land ebbt ab; nur noch der Ferne Osten ist nicht gesäubert von japanischen Eindringlingen. Der Poet hat die Sonne auf seiner Seite; beide spenden Strahlen. Der Poet flammt, leuchtet. Hier berührt Majakowski einen seiner Dichterahnen: Heine. Dessen «Hymnus» hallt wider: «Ich bin das Schwert, ich bin die Flamme ... Wir haben gesiegt, aber rund umher liegen die Leichen meiner Freunde. In die jauchzenden Triumphgesänge tönen die Choräle der Totenfeier. Wir haben aber weder Zeit zur Freude noch zur Trauer ... Es gilt neuen Kampf ...» Auch Majakowski muß Schwert und Flamme bleiben. Stark wirken noch die Überreste der alten Klassengesellschaft in den Hirnen und Herzen der Kunstintellektuellen Rußlands. Einerseits die bürgerlichen Vorurteile, andererseits das nihilistische Sektierertum der «Proletkultisten»; dort die Anbetung des Alten, hier der naiv-selbstgerechte Bildersturm, dessen Fürsprecher (wie Lunatscharski sagt) «die gesamte bisherige Kunst von Adam bis zu Majakowski als einen Haufen Müll» betrachten. Lenin erklärt am 2. Oktober 1920 auf dem Kongreß des Jugendverbandes: «Die proletarische Kultur ist keine unbekannt woher entsprungene Erscheinung, keine Erfindung von Leuten, die sich Spezialisten für proletarische Kultur nennen. Das alles ist reiner Unsinn. Die proletarische Kultur muß als gesetzmäßige Entwicklung jener Wissensschätze entstehen, die die Menschheit unter dem Druck der kapitalistischen, der gutsherrlichen, der beamtenaristokratischen Gesellschaft hervorgebracht hat.» Und Lunatscharski, als Volkskommissar für das Bildungswesen, äußert in seinen Disputen mit dem «Proletkult» und verschiedenen «Ismen» wörtlich: «Nicht alle alte Kunst ist bürgerlich, und nicht alles, was in der Kunst bürgerlich ist, ist schlecht ... Wenn wir die neue Kunst wirklich der Vergangenheitskunst gegenüberstellen wollen, so gilt es, sie der Dekadenzkunst der Bourgeoisie entgegenzustellen. Wir wollen die Denkmäler der alten Kunst nicht zerstören und werden niemandem erlauben, das zu tun ... Möge das Proletariat selbst auswählen, was es zu seiner Kultur braucht ...»

In diese belangvollen Auseinandersetzungen greift Majakowski mit dem redlichen Bemühen ein, zunächst selbstkritisch das eigene Schaffen zu überprüfen. Noch hat er die Richtschnüre der «Lef»-Gruppe, die Maschen des halbfuturistischen Regel-Netzes nicht überschritten. Zwar ist sein Tun und Dichten kompromißlose Polemik gegen jedwedes *romanzenselig-krittelndes Spießbürgertum*, das sich in all die prosaischen Unbequemlichkeiten des Revolutionszeitalters nicht fügen kann. Er selber vergeudet keinen Moment damit, das Auge *verzückt nach oben zu richten in der Erwartung, der himmlische Geist der Poesie werde einem in Tauben-, Pfauen- oder Straußengestalt auf die Glatze herabschweben.* Doch huldigt er immer noch seiner Vorliebe für Kunstgriffe und -kniffe, die einst dazu gedient hatten, «den Bürger zu verblüffen». Für manche Gesuchtheit formalistischer Art hat er Lenins Abneigung hinnehmen müssen. Gorki bezeugt, Lenin sei dem Dichter anfangs «argwöhnisch und sogar gereizt» begegnet: «Er krakeelt immerzu, erfindet windschiefe Ausdrücke, und was er tut, ist nicht das, was not tut, meine ich – nicht das Richtige und wenig verständlich. Ein Durcheinander, schwer lesbar. Begabt? sogar hochbegabt? Hm, hm, man wird ja sehen!» Diese skeptische Äußerung Lenins beweist, daß Majakowskis Forderung, die Dichtkunst möge *vom Himmel zur Erde* herabsteigen, nicht mit einem Sprung, sondern stufenweise realisiert und in die breit wirksame, erzieherische Praxis umgesetzt worden ist, mit Rückschlägen, Mißgriffen und mit beachtlicher Mühe. Man ermißt die ganze praktische und prinzipielle Bedeutung der «Rosta»-Etappe und der nachfolgenden vielschichtigen Wiederaufbau-Propagandaarbeit (während der NÖP-Jahre) im Leben des Dichters. Nun hat er endgültig *den Nippsachen Adieu gesagt*, nähert sich der Methode und Intonation des um zehn Jahre älteren sozialistisch volkstümlichen Fabeldichters Demjan Bednyj, dessen aktuelle Verse oft ganze Spalten der «Prawda» füllen, und entwickelt dessen didaktische und pamphletistische, überaus populäre Lesebuchmanier in individuell ausgeprägter, auffallend eigenwilliger Richtung. Das Dichterwort im Dienst der Tagespresse – bedeutet das nicht zugleich: die Macht der Tagespresse im Dienst einer kämpferischen Poesie? Majakowski will in der «Iswestija» sein, was Bednyj in der «Prawda» ist: Meister der aktuellen «operativen» sozialen Lyrik. Bietet die Zeitung dem Geist der rühmlich abgeschlossenen «Rosta»-Arbeit nicht eine neue, höhere Sprosse auf der Stufenleiter der Massenwirkung? So betritt er zum erstenmal die Redaktion der «Iswestija», die das Zentralorgan der Sowjetregierung ist, und legt eine Satire auf den Tisch: *Die auf Sitzungen Versessenen*. Der von Partei und Regierung dauernd bekämpfte Unfug, in zahllosen und endlosen Sitzungen kostbare Zeit zu vertrödeln, diese anschwellende Sessionenflut, war gewiß Ausdruck der übergroßen Aufgabenlast im neuen Verwaltungsapparat, doch zeugte sie auch von bürokratischem Unvermögen und mangelhaftem Arbeitsstil. Die Sitzungsmanie als bedrohliche Entartung der guten kollektiven und kollegialen Arbeitsweise war zu tadeln, war zu geißeln. Hatte die Revolution den von Hamlet angeklagten «Übermut der Ämter» und «des Rechtes Aufschub» ein für allemal zerbrochen, so sollte dies Verdienst nicht abermals im engstirnigen Kleinkram und Papierkrieg redseliger Funktionsinhaber untergehen. Wir begleiten den Dichter auf seinem Leidensweg bei der Bemühung, von dem allzu vielbeschäftigten, durch wachsame Sekretärinnen vom Leben abgeriegelten «Genossen Iwanowitsch» empfangen und angehört zu werden. Umsonst, der wichtige Mann hat immer gerade Sitzung. ... *Vor Einbruch der Nacht hab ich neuerdings erklommen / des siebenstöckigen Hauses Höh. / «Ist Genosse Iwanowitsch endlich gekommen?» – / «Auf der Sitzung / im A-B-C-D-E-F-G-Komitee.» / Ich stürme die Sitzung: / denen will ich mal helfen! / Und speie Verwünschungen, derbe, wildwestliche. / Und ich sehe: – / da sitzen nur Menschen-Hälften. / O Teufelei! / wo bleibt denn das Restliche? – / «Mord! Totschlag! Verheerung!» / Vom furchtbaren Anblick bin ich wirr und bleich. / Der Sekretär gibt mir / die seelenruhige Erklärung: / «Sie sitzen auf zwei Sitzungen zugleich. / Auf zwanzig Sitzungen / täglich / zu sein, ist uns Pflicht, nicht Sport. / Man muß sich zerreißen, sonst ists nicht möglich! / Bis zum Gürtel ist man hier, / mit dem übrigen / dort!» – / Schlaflos / nach solcher Gemütserhitzung / träum ich gen Morgen mit hoffendem Herzen: / «O Leute, / beruft nur noch / EINE Sitzung – / zum Zweck: ALLE Sitzungen auszumerzen!»*

Diese Satire erschien in der «Iswestija» vom 5. März 1922 und lenkte die Aufmerksamkeit Lenins auf sich. Lunatscharski erinnert sich: «Es brachte Wladimir Iljitsch sehr zum Lachen, und etliche Zeilen wiederholte er sogar laut ...» In seinem Bericht an die kommunistische Fraktion des Gesamtrussischen Verbandstages der Metallarbeiter, schon am darauffolgenden Tag, sagte Lenin: «Gestern las ich zufällig in der ‹Iswestija› ein Gedicht von Majakowski zu einem politischen Thema. Ich gehöre nicht zu den Verehrern seines dichterischen Talents, obzwar ich meine Inkompetenz auf diesem Gebiete durchaus zugebe. Aber schon lange habe ich, vom politischen und administrativen Standpunkt aus, kein solches Vergnügen empfunden. In seinem Gedicht verspottet der Autor gründlich die Sitzungen und macht sich über die Kommunisten lustig, weil sie immerzu eine Sitzung um die andere abhalten. Ich weiß nicht, wie es darin um die Poesie bestellt ist, aber was die Politik angeht, so übernehme ich die Garantie, daß das vollkommen stichhaltig ist.»

Seither festigt sich Majakowskis Mitarbeit in den großen sowjetischen Zeitungen, Blättern mit Millionenauflagen; vorwiegend sind es die «Iswestija» und das Zentralblatt des Jugendverbandes, die «Komsomolskaja Prawda», die der Poet als mächtiges Sprachrohr für seine kulturpolitischen Appelle an die empfänglichsten Schichten der jungen Generation zu handhaben liebt. In dieser Zusammenarbeit mit der Presse der arbeitenden Masse in Stadt und Land erwirbt Majakowski seine anhaltende, rasch um sich greifende Popularität. Man findet ihn nicht mehr «schwer lesbar und kaum verständlich», man stolpert nicht mehr über seine besondere Zeilenstufung, die stiegenförmige Absetzung der Versglieder, die, mehr dem Ohr als dem Auge zugedacht, gewisse sinnmäßige Pausen und Halbpausen andeutet und etwa dasselbe hervorkehrt, was Bertolt Brecht den «gestischen», rednerischen Typus des modernen Versbaus genannt hat. Die Leute begreifen, daß Majakowskis Verse «für die menschliche Stimme» instrumentiert sind; daß dieser selbstbewußte *Schreihals und Herold der Unterklasse* die altrussische Poetik gesprengt und die «metrischen», nach Versfüßen meßbaren Rhythmen durch eine rhetorisch-syntaktische, intonationsmäßig gebundene Dichtersprache abgelöst hat. Majakowski ist Novator, Schöpfer einer modernen tyrtäischen Tribünenlyrik, die im Pathos und im Sarkasmus sich auslebt. Sie will redemäßig «angestimmt», laut vorgebracht, sie will memoriert und rezitiert sein, sie will als akustische Kundgebung in die Menge geworfen, von ihr aufgegriffen und wiedergegeben werden. Für immer überwunden erscheint erst hier jene romantisch-emphatische Beziehung des Poeten zur Revolution, wie sie etwa noch Byron und Shelley eigen war und wie sie eine Zeitlang auch Lamartine kennzeichnete, den Mitbegründer und Minister der französischen Republik von 1848. Eher finden wir uns an die Gattung der politischen Chansons eines Béranger erinnert, ja mehr noch an die tribunenhafte, aufrüttelnde Vers-Beredsamkeit Georg Herweghs, dessen glanzvolle Bildersprache und leidenschaftliche Realistik manchen Wesenszug Majakowskis vorwegnimmt. Der Fortschritt von den Balladentönen der Revolutionsromantik in Alexander Bloks «Zwölfen» oder Eduard Bagrickijs «Opanas» zu den sozialistisch-realistischen Poemen Majakowskis ähnelt in einer gewissen Entsprechung dem Aufstieg von Freiligraths Position («Der Dichter steht auf einer höhern Warte / als auf den Zinnen der Partei») zu Herweghs Gegenposition («Partei! Partei! Wer sollte sie nicht nehmen, / die noch die Mutter aller Siege war! / Wie mag ein Dichter solch ein Wort verfemen, / ein Wort, das alles Herrliche gebar? / Nur offen wie ein Mann: für oder wider? / Und die Parole: Sklave oder frei? / Selbst Götter stiegen vom Olymp hernieder / und kämpften auf den Zinnen der Partei!»). Herwegh nannte seine Zyklen, deren zweitem Teil auch «Die Partei» eingegliedert ward: «Gedichte eines Lebendigen». Und dieser Titelgebung vom Beginn der vierziger Jahre des vorigen Jahrhunderts entspricht (gewiß ohne jede bewußte Anlehnung) Majakowskis Selbstbekenntnis in dem fragmentarischen letzten Poem *Mit aller Stimmkraft* (1930), wo es heißt:

Genossen Nachkommen, Achtung! (unterbrecht eure Verrichtung!) / Der Agitator, der Anführer, der Schreihals gibt Bericht. / Übertäubend die rauschenden Ströme der Dichtung / überschreit ich der Gedichtbändchen papierne Schichtung – / wie ein Lebender, der mit Lebenden spricht.

Hier wie dort redet der Volksmann, der Tribun auf der Tribüne, zu den Mit- und Nachgeborenen. Der sensible lyrische Ich-Held der vorrevolutionären Werke Majakowskis tritt einen Schritt zurück vor dem welthistorisch agierenden epischen Helden «Volk», dem Massenheros der Bürgerkriegs-Epopöe. Der Dichter hat seine Meisterschaft dem agitatorisch-propagandistischen Dienst am Volk untergeordnet, sich in der «Rosta» am Ringen gegen Konterrevolution und Intervention beteiligt, die Sicherung der Republik, die Festigung der neuen Gesellschaftsordnung zum Gegenstand seines Dichtens und Trachtens gemacht und also die von der revolutionären Wirklichkeit an die Kunst gestellten Fragen lösen gelernt. Kaum ist der Bürgerkrieg beendet, findet der Poet neben lyrischem Schaffen sogleich den neuen Kreis der Zeitaufgaben: er «dichtet», wie schon erwähnt, wiederum Wandplakate, entwirft Farbzeichnungen mit Reimtexten, diesmal gewissermaßen als Reklamechef des frei konkurrierenden Staatshandels gegen den Privatkommerz der NÖP-Schicht (Privatunternehmer und Konzessionäre). Er «dichtet» Klebeverse und Wandsprüche für Hygiene in Haus und Fabrik, gegen Alkohol und Analphabetentum, für alle Kultureinrichtungen der Rätemacht. Nun pflegt er im Zeitungs- und Zeitgedicht ein poetisches Aufklärertum, das gegen Bürokraten und Spießbürger zu Felde zieht und aufräumt mit den Überresten des altrussischen Kasten- und Klassenwesens im Fühlen und Denken. Wir sehen da eine «Tendenzkunst» im Werden, die übrigens auch im russischen kritischen Realismus des 19. Jahrhunderts stark vorentwickelt ist (Belinskij, Tschernyschevskij, Dobroljubov und die großen Erzähler), sich bei Bednyj und Majakowski nun zwar häufig des lehrhaften Tons bedient, aber jedesmal durch Wahrhaftigkeit und Wirklichkeitssinn besticht. Majakowski hat diese aufklärerische Tendenzpoesie später auch dramatisch ausgeformt in den Sittenkomödien *Die Wanze* (1928/29) und *Das Schwitzbad* (1929/30). Immer steht er im entscheidenden Kampfabschnitt, wählt die jeweils wichtigste Aufgabe, nimmt jederzeit Bezug auf die augenblickliche Kernfrage des Aufbauwerks. Es war einmal der Bürgerkrieg, dann die Abwehr der imperialistischen Invasionen, später, während der NÖP, der freie Wettkampf gegen den Händler, die Festigung des lebenswichtigen Güteraustauschs zwischen Stadt und Land, hernach wiederum der friedliche «Kulturfeldzug» und seine volkserzieherischen Ziele, besonders die Bildungsarbeit im Dorf; endlich der Sprung ins erste Planjahrfünft, zum Aufbau einer sozialistischen Schwerindustrie und kollektiven Landwirtschaft. So gewinnt Majakowskis Lebenswerk den Charakter einer fortlaufenden Chronik der russischen Revolution: lückenlos, denn niemals stand er abseits. Er betrachtet das Gedicht als Waffengattung. *Ich will – meine Feder ins*

Waffenverzeichnis! / Bajonett und Feder – so laute das Gleichnis! Er will kein betrachtender Annalenschreiber, sondern kämpfender Chronist sein, Geschichte nicht bloß aufzeichnen, sondern erst machen, ganz im Sinne der Herweghschen Losung: «Laßt die Dichter handeln! / Spielt Saul die Harfe, werfen wir den Speer! . . . / Ein Schwert in eurer Hand ist das Gedicht . . .» In wiederholten Proklamationen variiert Majakowski diesen Gedanken, zuletzt in dem zitierten, unvollendet gebliebenen Poem von 1930, das dem Thema «erster Fünfjahrplan» zugeordnet war. Daraus sei folgender Passus angeführt.

. . . Grabt ihr im Hügelgrab der Bücher, drin der Vers still ruht, / und stoßt auf brockenharte Zeilen, stahlbeschaffen, / nehmt sie voll Achtung in die Hand und prüft sie gut, / als alte, aber furchtbar starke Waffen. / Mein Wort ist nicht der süße Ohrenknecht. / Da gibts kein Mädchen-Öhrlein unterm Kringel-Haargeflecht, / dem ich mit Zötchenkram je Anlaß zum Erröten gab. / Parade meiner Blätter (wie vorm Schaugefecht), / ich schreite ihre Zeilenfronten ab. / Bleischwer gereihte Verse blicken auf, / bereit zum Tod wie zu des Weltruhms Fackelzündung. / Poeme stehn «habt acht!» und pressen Lauf an Lauf / mit ihres Titels drohend offner Mündung. / Die liebste Waffengattung meiner Witze, / in heißer Faust geschärfter Reime Griff, / die Kavallerie gespitzter Geistesblitze / ist johlend sprungbereit mit Schwung und Schliff. / Und all die Truppenmacht bewaffneter, beschwingter Rhythmen, / die zwanzig Jahr von Sieg zu Siege wehten, / will bis zum allerletzten Blatt ich dir nur widmen, / nur dir, dem Proletarier des Planeten.

Auf dem unermeßlichen Flächenraum des gestürzten russischen Zarenreichs haben damals hundertfünfzig Millionen Menschen sich zur Wehr gesetzt und unbeugsam eine neue Lebensform, eine kollektivistische Gesellschaftsordnung erfolgreich verteidigt. Dieses Ringen, das zugleich nationale Selbstbehauptung war, überwand im Innern die zum Alten zurückstrebenden Kräfte und überwältigte die fremdländischen Einmengungen von außen. Den vollendeten dichterischen Ausdruck dieser ersten Kraftprobe des jungen Staatswesens (eine zweite sollte 1941 bis 1945 folgen), den eigenartigen literarischen Niederschlag jener heroischen, opferreichen Frühgeschichte der UdSSR verkörpert nur das Lebenswerk Majakowskis. Er steht vor uns als der schon klassisch-gültige Dichterrepräsentant der russischen Revolution. Seine Epoche macht begreiflich, daß er mehr zu Tyrtäus als zu Orpheus neigte.

GROSSE ZEIT UND SCHÖNE LITERATUR

Majakowski hat somit, ohne eigentlich aus dem fortwirkenden Zusammenhang der Literaturgeschichte herauszutreten, eine neue Bahn beschritten, eine neue Richtung begründet und Schule gemacht. Freilich war seine Schule keine Sekte für einen Formenkult. Es liegt ein

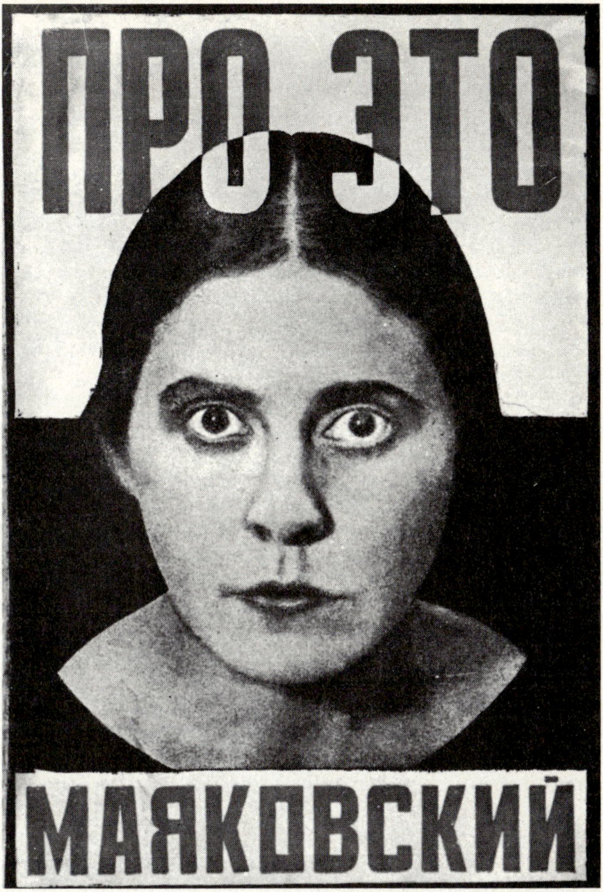

Buchumschlag zu «Pro eto» («Das bewußte Thema»), 1923. Von A. M. Rodtschenko

Fall vor, wo nicht die Schüler vom Meister abfielen, sondern der Lehrer den Jüngern das Valet gab, als sie eigensinnig eine Sackgasse zur Heerstraße der Literatur erklärten. Die Sackgasse «Lef» (Linke Front der Künste) war zum «Neuen Lef», dieser wiederum zum «Ref» (Revolutionäre Front der Künste) abgewandelt worden: auch die Umleitung blieb ausweglos. Die Einengung auf «Fakten-Kunst» und «Literatur des Daseins-Aufbaus» blieb das Glaubensbekenntnis dieser Gruppe. Unter dem Schein eines «direkten» Dienstes am Leben versimpelte sie das Ziel und den Weg der Kunst. Die von ihr gepredigte Einsetzung der Publizistik an Stelle der Belletristik erinnerte an das

Bilderverbot der Buchreligionen. Majakowski hat, nachdem er dem Pfad des «Lef» und «Ref» wie jedwedem Sektierertum abgeschworen, seine ureigenste Bestimmung im «sozialistischen Realismus» gefunden. Dieser hat beileibe nichts mit dem Stil des nüchternen Empirikers und genügsamen Naturalisten gemein, nichts mit beschaulicher Kleinmalerei oder Heimatkunst zu schaffen. Es geht ihm vielmehr um die Wiedergabe des Lebens in seiner grandiosen Kompliziertheit und Widerspruchsfülle – bei Hervorhebung der historisch bestimmenden, richtunggebenden Haupttendenzen. In seinem «Sendschreiben» an Maxim Gorki wirft Majakowski ein Streiflicht auf diese Schaffensmethode (die viele Stile und individuelle Lösungen umfassen kann): *Wir sind Realisten, doch nicht: wie das Vieh sich / (sein Maul auf dem Boden) vom Grasfutter nährt – / wir sind für das Neue, das Kommende, riesig / um Elektrizität und Kommunismus vermehrt.*

Seit 1923 wird unser Poet mehr und mehr zum Volkserzieher durch realistische Gestaltung, zum «Ingenieur der Menschenseele» (um dieses später geprägte Schlagwort anklingen zu lassen). Mehr und mehr erwirbt sein Vers metallischen Ton und Präzision, die Sprache wird Rede, Anrede, Aufruf, Mahnwort, Kontroverse. Sie nähert sich dem Umgangston einfacher Menschen, sie adelt das Vokabular des Alltags und der Straße, sie erhebt den Prosaismus, die Zeitungsdiktion, ja den technischen Wortschatz zum Niveau lebendigen, konkreten Literaturschaffens, wo die Poesie das Kontradiktorische aufnimmt, verarbeitet, angleicht.

Auch in seiner lyrisch-intimen Dichtkunst bleibt Majakowski revolutionär. Er sieht die Fragen des Einzel- und Innenlebens nicht mehr isoliert und atomisiert, sondern als Gesellschaftsprobleme in größere Zusammenhänge gestellt und nur im Einklang mit der umfassenden historischen Erneuerung lösbar. Er wird zum Vorbildner einer authentischen Persönlichkeitslyrik, die ihre subjektive Art und Kraft nicht, wie bislang, aus der Sonderung, Abkehr, Abkapselung von der Gesamtheit, sondern aus der völligen Vereinigung mit ihr schöpft. Er ist demnach das Ende der grundsätzlichen, der unverbrüchlichen lyrischen Einsamkeit des Dichters, gleichviel, ob sie als Hochmut eines verwöhnten Elfenbeinturm-Olympiers oder als Demut eines verstoßenen Mansardenpoeten auftreten möchte.

Während jener NÖP-Zeit oder Wiederaufbauperiode, die als taktischer, partieller ökonomischer Rückzug der Revolution auf den Sieg im Bürgerkrieg folgte, empfand Majakowski besonders sorgenvoll den Kampf des Neuen mit dem Alten in der Lebensform, im menschlichen Alltag, in der Psyche des Zeitgenossen. Der erste Impetus des großen Umbruchs ist vorüber. Die NÖP-Jahre bringen Ernüchterung: die Gestalt des Händlers, des Maklers feiert fröhliche Urständ. Der Dichter aber ringt um den neuen Menschen, um die Reinheit und Fülle des Miteinander und Füreinander. Er möchte das Gesittungsbild des sozialistischen Zeitalters nicht preisgeben. Majakowski will klarstellen, wie der neue, sowjetische Mensch für sich die altherkömmlichen Fragen der Liebe, der Freundschaft, der persönlichen Moral, des Verhältnisses vom Ich zum Wir lösen werde. Welcher Art ist sein Begriff von persönlichem Glück? Worin soll er den Sinn seines Erdenwallens erfüllt sehen? Diese und ähnliche Fragen, die im Leben und in der Literatur der Sowjetgesellschaft erst allmählich, unter Schmerzen und Rückschlägen gelöst worden sind, brannten damals, in der NÖP-Zeit, jedem redlich Denkenden auf den Nägeln. Majakowski ist dermaßen durchtränkt von Gegenwart und Anwesenheit, seinen Mitlebenden und Landsleuten dermaßen anverwandt und zugewandt, daß er für alle und jeden ausspricht, was er für sich selbst zu sagen weiß – im Angesicht des inwendigsten Seelenthemas. Im Januar und Februar 1922 entsteht das Poem *Ich liebe*; im Januar und Februar 1923 das Poem *Das bewußte Thema.* In seinem Stübchen am Lubjanski Projesd, unweit der damals noch nicht abgetragenen China-Mauer des Altmoskauer Stadtzentrums, sperrt er sich ein zu mehrwöchigem freiwilligem Klausurdasein, jede Regung des Mitteilungsbedürfnisses unterdrückend, die eindringlichste Sammlung anstrebend. Es ist Winter, dicke Schneelagen dämpfen den Schwall der gewohnten Stadtgeräusche. Der Poet raucht, um nicht zu spüren, wie der Ofen raucht. Majakowski schreibt eine der originellsten Dichtungen über das «bewußte Thema», dem jeder Poet intime Aussagen geweiht hat. Er nennt das Thema der Liebe mit Ironie ein *persönliches und kleinliches* und schafft doch ein bedeutendes, die tiefste Erlebniswelt anrufendes Werk. Jedes Wort wägend und prüfend, wie noch nie, preist er das Liebeserlebnis, bejaht und fordert er ein reines, echtes, treues, den Menschen und sein Leben geradezu aufzehrendes Gefühl. Das Poem *Ich liebe* war der Anlauf. *Das bewußte Thema* ist der Sturm gegen die verrotteten Schanzwerke moralischen Spießertums.

Lilja Brick, 1923. Dieses Foto wird in «Pro eto» erwähnt

Im Lebensbericht heißt es kurz: *Jahr 23 ... Schrieb «Das bewußte Thema». Aus persönlichen Beweggründen über die allgemeine Lebensart.* Mit anderen Worten: eine generalisierende, sittenkritische Dichtung mit vertraulich-persönlichen Zügen, verschlüsselt im Allzuprivaten, doch Aufschlüsse bietend im Gesellschaftlichen. Wie einst das Poem *Wolke in Hosen* den Gram einer enttäuschten Liebe in Anklage wandelt, so konkretisiert sich auch das «bewußte Thema» im Namen aller Unzähligen, die seelisch Schiffbruch erlitten haben, zum Richterspruch gegen überlebte Zustände und sinnlos gewordene Bräuche. Majakowskis zorniges Verdikt erhebt die Verurteilung der Vorurteile in Liebesdingen bis zur Geltungsweite eines ethischen Manifestes. Das Poem verkündet erhoffte Umgestaltungen. Sein Ziel, sein Credo ist das Ethos der kommenden klassenlosen Gesellschaft. Der Dichter schließt mit dem Wunsch, im dreißigsten Jahrhundert unserer Zeitrechnung wieder zur Welt zu kommen, um dann, im vollendeten Bau der neuen Ordnung, *das Nicht-zu-Ende-Geliebte* nachzuholen und endlich das vollkommene Glück auszukosten, das ihm im zwanzigsten Jahrhundert versagt geblieben sei, versagt bleiben mußte. *Mit meinem Atem, Herzschlag, Stimmklang betäubend, / mit jeder Haarspitze entsetzt mich sträubend, / mit Augen, die ich zücke, mit geblähten Nüstern, / mit knirschender Zähne tierischem Knistern / mit Igelhaut, zornigen Augenbrauen, / mit einer Trillion Poren, buchstäblich in dauerndem Grauen / (ob Herbst oder Frühling ist, Sommer oder Winter, / ob die Tagleuchte vor uns steht oder hinter) – / schrei ich mein Wut-Veto, tobenden Schalles: / ich leugne, verneine, ich hasse alles, / was versunkene sklavische Gestrigkeit bis heute / uns einbleute! ...*

Dem poetischen Schutztrupp der «reinen Kunst», der gegen Majakowskis Werbelosungen und Witzverse zugunsten des Staatshandels, seinen «Praktizismus», wütend zu Felde zog, erscheint es unglaubwürdig, daß ein Dichter, der für den Lebensmitteltrust «Mos-Selprom» Reklame macht und leidenschaftlich dafür eintritt, man solle Back- und Süßwaren, Galoschen und Gummiartikel, Bleistifte und Papiererzeugnisse, ja sogar Schnuller für Säuglinge nicht im Privatkramladen, sondern ausschließlich im staatlichen oder genossenschaftlichen Kaufhaus erwerben, nun plötzlich die Werbetrommel beiseite legt und förmlich nach der Gitarre des lyrischen Seelenmentors greift. In Wirklichkeit, im Antlitz des Zeitgeistes, harmonieren beide Betätigungen völlig und durchaus: der ideelle Beweggrund der Staatshandelsreklame und die Triebfeder der großen Ethospoesie Majakowskis sind identisch. Beide zielen auf den Neubau der Gesamtsozietät ab, den national-ökonomischen wie den moralisch-psychologischen. Dieses Ineinandergreifen des Materiellen und des Ideellen, diese für den marxistischen Poeten so bezeichnende dialektische Universalität, ist in einem späteren Gedicht *Nach Hause* (entworfen auf der Heimreise aus den USA im Herbst 1925) in trotzgeladenen Bekenntnisversen ausgesprochen worden:

Der Prolet kommt zur Partei in aufsteigender Richtung – / wo er

Reklameplakat für den Staatshandel. Zeichnung und Text von Majakowski. Moskau, 1923

Kohle haut, wo er mäht, wo er schippt; / ich warf mich in den Kommunismus aus den Himmeln der Dichtung, / weils für mich ohne ihn keine Liebe gibt. // Wie ich, jenseits der Wasser, hier müßig lieg – / kann vor Trägheit ich kaum meine Maschinenteile rühren. / Ich betrachte mich als eine Sowjetfabrik, / erbaut, um Glück zu produzieren. / Ich will nicht als Blümlein auf Feldern blühen, / als Sträußchen Wicke, Reseda und Mohn, / welches man pflückt nach des Tages Mühen. / Ich will, daß die Staatliche Plankommission / mein Pensum alljährlich in heißer Debatte / vorschreibe auf strengem Kontrollzifferblatte. / Ich will, daß das Herz eine Liebe verschlinge – / wie ein Fachmann die höchste Gehaltsnorm empfinge. / Ich will, daß am Abend, nach Arbeitsschluß, / der Betriebsrat die Lippen mir zuschließen muß ...

Und der Dichter gelangt am Schluß zu der (in munterem Justament und Trotzdem absichtlich «bürokratisch» formulierten) Erkenntnis:

In unsrer Union steht der Sinn für Poesie / hoch über dem Vorkriegsdurchschnitt ...

Nicht nur das Vokabular, auch die Realien der Planwirtschaft sind bei der von Majakowski bewirkten Umschichtung der poetischen Begriffswelt humanisiert und in ethisch-ästhetische Sinngliederungen aufgenommen worden. Ein nationalökonomischer, die Aufwärtsentwicklung der gesamten Sozietät für ein Jahr oder ein Jahrfünft umfassender, bis in die Einzelheiten ausgearbeiteter Plan hat den Geistern des neuen Rußland schon seit 1920 vorgeschwebt, als Lenin sein «Goelro»-Projekt (Plan der Staatlichen Kommission für Elektrifizierung Rußlands) vorlegte; doch erst 1928 trat der Erste gesamtwirtschaftliche Fünfjahrplan ins Leben. Majakowski ist seit jeher überaus empfänglich für die Aufwertung organisatorischer und technologischer Zweckmäßigkeitsbegriffe von der Idee eines sozialistischen Gemeinwesens her. Scheinbare Berührungen mit der rationalartistischen Poetik Gottfried Benns sind in Wirklichkeit nicht vorhanden, denn Benns Lyrisierung und Fetischisierung des modernen urbanen Alltags bedient sich technologischer und organisatorischer Sinn- und Kennbilder lediglich zur deutlichen Herauspräparierung der für die Neue Sachlichkeit wichtigen Ding-Bezüge. Majakowski hat das Maschinenwesen niemals zum Fetisch erhoben, niemals den modernen rationalen Baugedanken zum formalen Konstruktivismus verabsolutiert. In dieser Hinsicht konnten ihn auch die stärksten Eindrücke von seinen Auslandsreisen nach den industriell hochentwikkelten Staaten des Kapitalismus nicht verblüffen, nicht davon abbringen, jeweils den Maßstab der am meisten fortgeschrittenen sozialen Idee an alle Dinge anzulegen, die ihm scheinbar erreichte Hochziele und angeblich erfüllte Wunschbilder von Standard und Perfektion vor Augen stellten. Diese Dinge konnten freilich nur untergeordneter und partieller Art sein, denn Majakowskis Fahrten ins Ausland fielen in den Zeitraum der Nachkriegskrise, der relativen Stabilisierung und der beginnenden Weltwirtschaftskrise. Die von Majakowski geübte, in Vers und Prosa niedergelegte kritisch-realistische Bewertung und Verwerfung vorgefundener Zustände in den bereisten Ländern hat wiederum nichts zu tun mit der von Benn geforderten «Entzauberung und Entdekorierung der vordergründigen Wirklichkeit»; sie ist nicht mehr und nicht weniger als historisch-materialistische Gesellschaftsanalyse.

WEITERE HORIZONTE

Anfang Oktober 1922 reist Majakowski über Petrograd, Narwa nach Reval (mit kurzen Aufenthalten), geht an Bord der «Rügen», um dann von Stettin aus Berlin zu erreichen, wo er im «Kurfürsten-Hotel» absteigt. Er fühlt sich in der deutschen Hauptstadt gar nicht als Privatperson, sondern agiert als *bevollmächtigter Gesandter des*

Berlin: die Kaiser-Wilhelm-Gedächtniskirche

Verses. Ohne die Landessprache zu beherrschen (Rita Rait, erste Übersetzerin des *Mysteriums buffo*, schilderte mir mit viel Humor ihre vergeblichen Versuche, ihn für die deutsche Grammatik zu interessieren), kennt der Dichter sehr genau die damalige innere und äußere Lage der Weimarer Republik. Er weiß Bescheid um die Folgen des drückenden Vertrags von Versailles, die auf dem schwer arbeitenden Volk lasten. Er sieht verödete Fabriken, sieht die Menschenschlangen der Stempelgänger, sieht die erwerbslosen Arbeiter auf den Straßen Berlins. Alles ist hier wie der brodelnde Kratergrund eines Vulkans in der beklemmenden Pause zwischen zwei Ausbrüchen.

Heute beschreite ich, Deutschland, deinen Boden, / meine Liebe zu dir blüht und lodert in Oden. / Ich sah – die erstarrten Werften an der Oder, / ich sah – die erstorbenen Fabriken stumm. / Und doch – ich glaub nicht an Bahrtuch und Moder. / Dich, Deutschland, bringt man nicht um. / Bettelarmes Deutschland, vernimm – / ich leih wie ein Deutscher, wie dein eigenster Sohn, / deinem Schmerz meine Stimm.

Majakowski wird zum Zeugen von Straßendemonstrationen der Arbeiter, denen die Bürden der kriegerischen Niederlage aufgeladen worden sind. Noch ungetilgt sieht er gleichsam die Spuren der Mörder Karl Liebknechts und Rosa Luxemburgs auf dem Berliner Pflaster. Verwahrloste Jugend lungert um die Bahnhöfe herum. In den Nordbezirken sieht man Proletariermütter in Mülleimern wühlen. Am Wed-

Sergej Prokofiew

ding, in Neukölln, am Alex studiert der Dichter Haltung und Gesichtsausdruck der kapitalistischen Großstadt. Er läßt sich die Maueranschläge der Kommunisten verdolmetschen. Er entwirft im Gehen durch Berlin ein *Arbeiterlied* mit prophetischem Ausblick:

Wir säen, wir mähen, wir schmieden, wir weben, / Sklaven des allmächtigen Stinnes. / Wir sind noch nicht tot, paßt auf, wir leben, / wir kommen – gesammelten Sinnes. / Die Geschichte grinst, ist zum Schieber geworden. / Die Alte steht still. Sie lügt, seht euch vor. / Wir kommen noch. Kommen vom Berliner Norden / durch den Wilhelmsbogen im Brandenburger Tor . . .

Am Kurfürstendamm wohnend, erblickt Majakowski freilich auch das aufdringliche Luxuspublikum der Nutznießer von Krieg und Nachkrieg. Ein neues Bürgertum, eine Herrenschicht aus emporgekommenen Glücksrittern der Elendszeit sieht er schmausen und schlemmen. Ausländer, Angehörige der Siegernationen, Geschäftemacher, Ententeoffiziere mit ausgehaltenen einheimischen Dämchen bevölkern die feineren Nachbarhotels, die ihren noblen Anstrich wiederherstellen.

Sie haben die Dollars. Der Sieg hat gelohnt. / Aus Hotelportalen Unter den Linden / wälzt sich ihr Bauch wie der volle Mond, / sie mästen sich, sie, die unsre Leiber schinden.

Der poetische Gast fühlt sich persönlich mitbetroffen. Er redet von *Abrechnung*, er geht ernsthaft ins Gericht *mit all den Herrschaften hüben und drüben.* Mitleidend mißt er Kräfte und Gegenkräfte.

Das Knie auf der Kehle. Unser Brüllen verhallt, / erstickt in Krampf und Atembeschwerden . . . / Wir wissen, unter wessen Last und Gewalt / die Deutschen noch aufstehn werden.

Doch nicht nur den Impressionen, Einsichten und Erfahrungen gilt dieser Berlin-Aufenthalt, nicht bloß der Neugier auf die Mentalität der Nachbarnation. Hat er auf der Reise schon in Reval einem interessierten estnischen Publikum gesprächsweise und durch einen Vortrag *Über proletarische Poesie* Wissenswertes aus der jungen Geschichte der Sowjetliteratur vermittelt, so will Majakowski erst recht in Berlin allen Menschen guten Willens die neue russische Kunst und Kultur nahebringen, mit deutschen Kollegen Fühlung nehmen, dauernde produktive Beziehungen zwischen zwei großen Literaturen herstellen. Den aufgeschlossenen Berliner Kreisen ist Majakowski kein

Unbekannter. Johannes R. Becher arbeitet bereits an einer freien Übertragung der *150 Millionen*, die im Malik-Verlag erscheinen soll. Etwa fünf Wochen weilt der Gast in Berlin, bei anhaltendem Kontakt mit den Vertretern der linksgerichteten deutschen Literatur und Presse. Fünfmal tritt er öffentlich hervor. Dreimal bei den «Freitagtreffen», die das «Haus der Künste» im «Café Leon» zu veranstalten pflegt; am 20. Oktober gibt es da einen «Majakowski-Abend», auf dem der Dichter sich nach einführenden Worten über die Strömungen in der sowjetischen Dichtkunst mit eigenen Versen vorstellt. Dem Abend wohnt der Poet Igor Sewerjanin bei. Am 27. spricht Majakowski im «Leon» über neue russische Filmkunst, nach einem vorangegangenen Referat seines Freundes Viktor Schklowski. Am 3. November gilt seine Rede der neuesten russischen Malerei (anläßlich einer Ausstellung in Berlin). Eigene Gedichte spricht er vier Tage darauf in der Feierstunde der Sowjetbotschaft Unter den Linden, die gerade den fünften Jahrestag der Oktoberrevolution festlich begeht; auch Alexej Tolstoj bereichert diese Veranstaltung mit einer Vorlesung (aus seinem Romanmanuskript «Aëlita»). Am 15. November schließlich wird von den in Berlin lebenden russischen Studenten Majakowski zu Ehren ein Autorabend im Schubertsaal veranstaltet. Hier besteht die Hörerschaft großenteils aus Landsleuten, die Rußland während der Revolutions- und Bürgerkriegsjahre verlassen haben und dem sowjetischen Staatswesen teils skeptisch-abwartend, teils in offener Feindschaft gegenüberstehen. Unter diesen Emigranten sieht der Poet naturgemäß auch die jüngere Altersstufe vertreten, die Generation derer, die von den verschreckten oder erbitterten Eltern in die Fremde mitgebracht worden sind. Diese Jugend betrachtet ihr Herkunftsland weniger sentimental und darum auch mit weniger Ressentiments als die Eltern. Sie bestürmt Majakowski, er möchte Genaueres und Richtungweisendes über Sowjetrußlands Entwicklung berichten, und Wladimir Wladimirowitsch bleibt ihr die Antwort nicht schuldig, gibt freimütig Auskunft und Bescheid. Diesem interessierten, aber auch problematischen und fragwürdigen Publikum verhehlt er keineswegs sein abfälliges Urteil über das sterbende reaktionäre Schrifttum der russischen Emigration. *Ein russischer Dichter oder Erzähler kann nur der sein, der in Rußland und mit Rußland lebt*, sagt er mit Nachdruck. *Mögen die Schriftsteller, die sich im Ausland niedergelassen haben, nur ja nicht glauben, sie könnten auf dem weißen Roß ihrer dickleibigen Werke in Moskau einreiten . . .* Das geht gegen etliche prominente russische Bourgeoisliteraten, ihrer Stilrichtung nach Symbolisten und Akmeïsten, aber auch gegen religionsphilosophisch und mystisch orientierte Schriftsteller wie Iwan Bunin, Dmitri Mereschkowskij und einige Vladimir Solovjov-Nachfahren, deren Beziehungen zum reaktionären Sektor des deutschen Geisteslebens allbekannt waren. Der Wogengang der Oktoberrevolution hatte sie bis nach Berlin gespült, wo sie Verlage und Zeitschriften unterhielten und «altrussische Traditionen» kultivierten. Majakowski erklärte sie für gestrandet, entwurzelt und dem

Untergang preisgegeben; denn im Gegensatz zu einem Alexander Herzen oder Ivan Turgenjev und anderen Dichteremigranten früherer Zeiten fehle ihnen sowohl die lebendige Verbindung mit der Heimat wie auch die innere Kraft einer zukunftsträchtigen Idee. Majakowskis Auftreten bringt in die Atmosphäre der Berliner Exilrussen einen frischen Wind, der wesentlich beiträgt zu ihrer späteren Differenzierung. Das Emigrantenblatt «Nakanune» hat Grund genug, wahrheitsgemäß zu verzeichnen, das Auditorium sei dem Dichter «mit Aufmerksamkeit und stürmischer Begeisterung» gefolgt. In einer anderen Nummer bekennt der «Nakanue»-Rezensent: «Diesem ‹Poeten von Gottes Gnaden› geht der Ruhm voran, er sei der ‹Sänger der Revolution›; dies ist ein wohlverdienter Ruhm und kein kurzlebiger Modeaufputz ... Das Poem *150 Millionen* atmet eine dermaßen funkensprühende Inspiration, ist so voll geißelnder Satire, daß es jedem Vergleich mit Meisterwerken westeuropäischer Dichtkunst kühn begegnen darf ... Geschlossenheit, Unmittelbarkeit, Unvoreingenommenheit – das sind Majakowskis Vorzüge!»

Einige Abende im privaten Freundeskreis führen den Dichter auch mit Sergej Prokofiew, dem Musiker, und Serge Diaghilew, dem Ballettmeister, zusammen. «Mit Diaghilew», lesen wir in Prokofiews Erinnerungen, «traf ich mich nochmals in Berlin, als dort gerade Majakowski weilte. Wir verbrachten mit ihm einige unterhaltsame Abende. Einmal entbrannte zwischen Majakowski und Diaghilew ein leidenschaftliches Streitgespräch über Gegenwartskunst, ein andermal rezitierte Majakowski Eigenes – und wir lauschten ihm hingerissen ...» Für eine Woche verläßt nun der Dichter Berlin, um Paris kennenzulernen. Diese sieben Pariser Tage vom 19. bis zum 25. November 1922 sind (wie er mir in einem Gespräch versicherte) *bis zum Platzen von Erlebnissen überfüllt* gewesen. Er besucht die Ateliers der Maler Picasso, Delaunay, Braque, Léger, die Galerien von Kunsthändlern wie die der Brüder Rosenberg, den Pariser Herbstsalon, das Théâtre Maillol, die Alhambra, die Folies-Bergères. Er hat eine Begegnung mit Igor Strawinsky in der Pianola-Fabrik Plével, besucht Jean Cocteau, nimmt teil am Leichenbegängnis von Marcel Proust. Er klopft bei Anatole France an und hört, der Meister sei gerade verreist. Er steigt hinauf zu Henri Barbusse und trifft auch ihn nicht an, verlebt einen Nachmittag bei einer Sitzung in der Chambre des Députés und besichtigt den Flughafen Le Bourget. Am 24. November veranstalten die in Frankreich lebenden russischen Maler in Gemeinschaft mit französischen Kollegen und der Redaktion der Pariser russischen Zeitschrift «Udar» (Der Hieb) ein Bankett zu Ehren Majakowskis. Auch Diaghilew ist anwesend. Begrüßungsreden werden von Natalia Gontscharowa, dem Lyriker Sdanewitsch und dem französischen Kritiker Valdemar Georges gehalten. Majakowski spricht eigene Verse; man rezitiert die vorbereitete französische Übertragung. Der Eindruck ist mächtig, aber widerspruchsvoll. Später schreibt der Maler Michail Larionow an Majakowski: «... In Paris machen Kommentare die Runde; jedes zweite Wort ist ‹Majakowski›. Lipschitz und Valdemar können sich nicht beruhigen, sie urteilen hin und urteilen her, finden die Sache sehr rauh und herb, doch da sei nun mal rien à faire. Die Poeten vom ‹Esprit Nouveau› blasen Trübsal, und dieser neue Geist schlägt einem direkt übel in die Nase. Das alles hat sie völlig durcheinandergebracht . . .»

Die Karsavina, Diaghilew, Nijinsky

Frankreich hat in unserem Dichter den Sonderblick des Malers wiedererweckt. Er wird, heimgekehrt, mehr über Paris als über Berlin, mehr über Malerei als über Dichtung zu berichten haben; und das nicht bloß, weil Gemälde keines Wörterbuches bedürfen. Seine in der «Iswestija» abgedruckten Malkunstberichte sind, bearbeitet und ergänzt vom Autor, für eine Buchausgabe im Moskauer Staatsverlag vorgesehen: 25 von Majakowski mitgebrachte Reproduktionen sollen das Buch schmücken; schon steht dessen Titel im unterzeichneten Verlagskontrakt: «Siebentageschau französischer Malkunst». Indes, das Buch ist nie herausgekommen. Vielleicht hat der Autor selbst seiner flüchtigen *Umschau* schließlich die ungerechtfertigte Aufwertung durch eine Buchform ersparen wollen. *Eine Umschau – anders darf man meine Siebentagebekanntschaft mit Frankreichs Kunst 1922 nicht nennen. In solcher Kurzfrist kann man nur fahrig die endlose Reihung von Bildern, Büchern, Bühnen besehen.* Immerhin erheben die Eindrücke von Bildern am ehesten Anspruch auf Geltung. Nur sie hätten allenfalls die Bündelung im Bucheinband verdient; denn – *erstens liegt in der Malerei der Schwerpunkt der Kunst von Paris; zweitens hat von allen französischen Künsten die Malerei den größten Einfluß auf Rußland ausgeübt; drittens ist die Malkunst sinnfällig, sie «liegt auf der Hand», sie ist auch ohne Kenntnis aller Feinheiten der Lebensart und der Sprache erfaßbar; viertens wird die Fahrigkeit der Schau in hohem Grade aufgewogen durch die bei-*

Paris: Place de l'Opéra

gefügten Fotos und Farbwiedergaben neuester Malwerke. Ich hielte es für angebracht, dem Buch den Charakter eines gehobenen Feuilletonwerkes zu geben. Mich interessierten weniger die nebelhaften Theoreme, die Philosophie der «Raumtiefe und Umrißführung», sondern vorab das rührige Leben des malenden Paris; die Ideendivergenz der französischen und der russischen Malerei von heute; die Verschiedenheit der Kunstkörperschaften. An Hand von Bildern und Begegnungen möchte ich den Einfluß des Oktobers und Sowjetrußlands auf die Gedankenwelt der Neuerer im Kunstwesen von Paris bestimmen. Ich muß Serge Pawlowitsch Diaghilew danksagen, dessen Vertrautheit mit der Pariser Malerei im Verein mit seiner äußerst loyalen Haltung gegen die RSFSR mir bei meiner Besichtigung und Materialbeschaffung sehr geholfen hat . . . Ich zeichne mich weniger als irgendwer unter den Kunstmenschen Rußlands durch Hurrapatriotismus aus. Jede beliebige Malkunstidee von Paris habe ich gleichermaßen begrüßt, wie mich das neue Gedankengut von Moskau begeistert. Allein – jene existiert nicht! Womit ich keineswegs meine Liebe zur französischen Malerei verleugnen will. Im Gegenteil. Ich h a b e sie bereits geliebt. Alte Liebe rostet nicht, doch ist sie schon in Freundschaft umgeschlagen, und wenns mit euch nicht vorwärtsgeht, kann sie sich auf bloße Bekanntschaft zurückziehen . . . Am 25. November also geht's wieder von Paris nach Berlin, wo als Ausgabe des russischen Staatsverlags für schöne Literatur (Goslitisdat) gerade eine Gedichtsammlung in der Originalsprache *Majakowski für Sprechstimme* im Druck war und der Malik-Verlag die Verdeutschung der *150 Millionen* vorwärtstrieb. Um die Dezembermitte nach Moskau zurückgekehrt, läßt Majakowski sogleich zwei fulminante Vorträge im Auditorium des geliebten Polytechnischen Museums vom Stapel: *Was macht Berlin?* und, eine Woche darauf, *Was macht Paris?*. Keine trockenen Reiseberichte, auch keine gesprochenen Reportagen, sondern von Improvisation, Poesie, Satire, politischer Anekdote gewürzte mündliche Essays, ganz durchdrungen von Akutem und Aktuellem, der Haltung nach polemisch, Widerspruch herausfordernd, in

paradoxalem Witz schwelgend ... In dieser Zeit, da er nebenbei die organisatorischen Voraussetzungen für die Gründung seiner Zeitschrift «Lef» schafft, arbeitet der Heimgekehrte an einem Zyklus von Pamphleten, die später zu dem Sammelbüchlein *Majakowskische Galerie* vereint werden sollen: Raymond Poincaré, Benito Mussolini, Lord Curzon, Józef Pilsudski, Hugo Stinnes, Emile Vandervelde, Samuel Gompers. Auffallend und kennzeichnend ist Majakowskis Neigung, Länder, Völker, Klassen, Epochen jeweils in graphisch-exemplarischer Manier durch eine hervorstechende Gestalt zu personifizieren; man denke an *Mysterium buffo*, wo Lloyd George, Clemenceau (ähnlich wie in den *150 Millionen* Thomas Woodrow Wilson) als überlebensgroße geschichtliche Symbole figurieren: es sind Plakatschemen ohne Anspruch auf personelle Bildnistreue, generalisierte agitatorische Festlegungen von sehr drastischer Wirkkraft. In diesen Gestalten konzentriert sich die ganze Ernsthaftigkeit einer (nicht

immer simplifizierten) ideellen Repräsentation. Für das großbürgerlich-kapitalistische Deutschland der Weimarer Republik, für diesen Begriff des regierenden Schutz- und Trutzbündnisses von Junker und Schlotbaron, hat der Dichter ein für allemal polemisch die Sinnbildfigur des Großindustriellen und Politikers, Kriegs- und Inflationsgewinnlers Hugo Stinnes auserkoren. Die Gestalt ist zweidimensional wie die des Graphikers der «Rosta»-Fenster von Anno dazumal; ihre dritte Dimension ist die Geschichte. Die besondere Charakterkunst dieser Karikatur ist grimmig-ungemütlich, erinnert an Goya, an Daumier. – *In Deutschland, vorm Anfang jedes Beginnes, / summt allenthalben der Name Stinnes. / Freilich, kein Gravierstift kann Stinnes schildern; / Linien wie Buchstaben – sind viel zu dumm. / Von Stinnes erzählt man auf Heiligenbildern. / Minimum! / Alles – / Städte und Dörfer in Reihen, / alles grüßt Stinnes tiefsten Kniefalles; / Gestirne eilen, sich ihm zu weihen. / Vor ihm verblaßt die Sonne als Plunder, / senkt das Licht-Aug, schließt den Gold-Mund, verlangsamt ihren Lauf; / verschüchtert steigt sie zum Jammertal runter; / Stinnes, umgekehrt, steigt hoch hinauf. / Das Erdreich umgibt ihn mit magischen Strahlungen: / Renten, Prozenten und sonstigen Zahlungen. / Keiner Sonne,*

Hugo Stinnes

keinem Stinnes sind Länder ein Sitz. / Nationen sind Fesseln. / Der Weltweite frißt den deutschen Fritz / und wird auch den Franzosen fressen. / Weltkriege entstehn unterm Druck seines Schuhs, / wo Rotten, sich metzelnd, fechten. / Auf Deutschland stellt Stinnes den linken Fuß, / aufs Gegenland stellt er den rechten. / Stinnes allein macht den Weltenlauf flott. / Ha! verdammt! alle Wetter! / Stinnes ist nicht der Donnergott, / nein: Gott aller Donnergötter! / Stinnes hat tausend Körperteile; / wer alle sich merkt, verdient eine Medaille. / Wir haben Lippen, Zunge und Schlund; / Stinnes hat den Reichstag: der ist sein Mund. / Unsere Fortbeweger sind Beine; / Deutschlands Reichs-Eisenbahnen sind seine. / Unsre Taschen je leerer – sein Beutel desto schwerer. / Kein Schatz findet Platz zwischen Schuh und Gamasche; / hingegen die Reichsbank – in Stinnes' Tasche. / Menschliche Stimmen sind oft gebrechlich / und meist sogar schwächlicher noch als schwächlich. / Die Stimme des Stinnes (mit Walzenbegleitung) / sprengt alle Spalten in jeglicher Zeitung. / Fürs Denken sogar hat er eigene Plänkler: / den Oswald Spengler und weitre Gedänkler. / Und in den Pupillen des Augenrollers / bemerkt man den metallischen Glanz des Dollars. / Wie die Verdauung bei uns sich vollzieht – / Verzeihung: hier wirken Gedärme. / Für Stinnes verdaut das Ruhr-Gebiet / mit all seiner Hochofenwärme. / Unsere Hände handeln gedeihlich; / die Finger des Stinnes – zumeist polizeilich. / Deutschland blecht Reparationen; doch Stinnes / erfreut sich dank ihnen faustdicken Gewinnes. / Sooft die Zügel den Arbeiter kitzeln, / droht Stinnes seinen SPD-Spitzeln. / Die SPD kann ja alles verstehen / und jeder Macht ihre Zähne zeigen; / nur ihrem Stinnes darf nichts geschehen, / wehe dem, der antastet, was Stinnes eigen! / So wächst er als Taggestirn hoch ins Gebirge: / Hugo Stinnes, des Bürgers Bürge! / Die Welt bestaunt mit Furcht und Befremden / dies Gold im Sack von gestärkten Hemden. / Krawatte, gestrafft unterm Hochstand des Kinnes, / umrafft und schließt den besagten Sack. / So ragt über Deutschland Hugo Stinnes, / der Herrgott im Frack! . . . / Doch mein Griffel versagt. Der Großartige will / ins Ikonographische wachsen. / Wer malt das strahlende Ultra-Idyll? / Ich überlaß es den Sachsen. Dies – das fünfte Stück aus der siebengliedrigen *Majakowskischen Galerie*; ich habe es ohne Kürzung wiedergegeben, um auch das pamphletistische Genre zu kennzeichnen, worin sich Majakowski mit seinen Auslandseindrücken auseinandersetzt. Die Schlußanspielung auf «Sachsen» deutet hin auf eine damals (das Gedicht war in der Juni/Juli-Nummer 1923 der Zeitschrift «Krasnaja Nowj» vorveröffentlicht) brennend aktuelle politische Tatsache: die seit März 1923 im Amt stehende sozialdemokratisch-kommunistische Regierung des Landes Sachsen unter Erich Zeigner (die dann im November durch einen konterrevolutionären Staatsstreich gestürzt worden ist).

Wenn wir die Geschichte der Deutschland-Beziehungen Majakowskis zurückverfolgen, so führen sie zu dem Moskauer Übersetzer Wladimir Iljitsch Neustadt, der schon 1917 Verse des Futuristen

Johannes R. Becher

verdeutschte und am 1. Mai 1918 im Moskauer Café «Pittoresque» an einem Majakowski-Abend mitwirkte; im Beisein des Dichters rezitierte er auf deutsch *Unser Marsch* und den Vorspruch zum Poem *Krieg und Welt.* Neustadt bestätigte mir (und hat es auch in seinen Erinnerungen angeführt), daß Majakowski geurteilt habe: *Den Wortlaut faß ich nicht, aber der Rhythmus ist mein eigener.* Die Dürftigkeit dieser Versuche, die der Poet nicht wahrnahm, konnte somit seine Freude nicht mindern, die der nackten symbolischen Bedeutung der Tatsache galt: daß eine Internationalisierung seines Schaffens möglich, die erhebliche Ausweitung seines Wirkungsfeldes aussichtsvoll sei. Majakowski war sozusagen Internationalist von Geburt. Als Russe zwischen Georgiern aufgewachsen, erkannte er schon als Schulknabe in Kutais das menschenfeindliche Wesen des Nationalhasses: dies Mittel der Volksunterdrücker («divide et impera!») bezwecke, eine Gruppe von Unterdrückten gegen die andere auszuspielen. Der Gymnasiast Wolodja wollte sich niemals als Angehöriger der russischen Herrschaftsnation im Kaukasus fühlen, niemals nationale Unterschiede als Scheidewand zwischen Menschen betrachten. *Georgier hängen Proklamationen auf,* heißt es im Hinblick auf 1905; *Kosaken hängen Georgier auf. Meine Schulkameraden sind Georgier. Begann die Kosaken zu hassen* – wiewohl diese, als südrussische Bauernsoldaten des Zaren, Wolodja sprachlich hätten näherstehen müssen. Nein, der damals (während des japanischen Krieges) in der russischen Schuljugend geschürte Chauvinismus hat auf Wolodja nie gewirkt. Das bestätigten mir auch wiederholt und übereinstimmend seine Mutter und seine Schwestern, mit denen ich Ende der dreißiger Jahre in Moskau, dann während des Kriegswinters 1941/42 im tatarischen Evakuationszentrum Tschistopol Umgang pflog (mit Ludmilla hatte ich noch 1952/53 in Tbilissi auf «das Jahr null-fünf» bezügliche Gespräche). Nicht mal als junger Bursch hat Wolodja Zarenrußland und Volksrußland verwechselt. So hat er aber auch das verpreußt-hohenzollernsche Kaiserreich wohl zu unterscheiden gewußt von dem Deutschland der Hamburger Docker, der Ruhrkumpels, der Fischer von Sylt, der armen Erzgebirgsbauern, der mecklenburgischen Landarbeiter. Unter dem Eindruck seines ersten Berlin-Aufenthalts gab er (in dem Gedicht *Deutschland*) diese Grundsatzerklärung ab: *Nie fragt ich, was Wilhelm, was Nikolaus kriege; / bin für hadernde Kaiser kein Schiedsgericht. / Gleich zu Anfang erklärt ich den Krieg dem Kriege, / spie dem Völkermord meine Reime ins Gesicht.* Und dem Glauben an das künftige, vom Militarismus gereinigte, demokratische Staatswesen des deutschen Volkes hat Majakowski hinreichend liebevolle Bekenntnisse gewidmet (*ich leih wie ein Deutscher, wie dein eigener Sohn, / deinem Schmerz meine Stimm*) – wie er auch gegen die Imperialisten von Versailles den als Demonstration stark unterstrichenen Satz richtet: *Dich, Deutschland, bringt man nicht um.* Und hier, wie in dem (deutschen Proletariern in den Mund gelegten) *Arbeiterlied*: *Wir säen, wir mähen, wir schmieden, wir weben* – die merkwürdige Berührung mit der Sphäre Heinrich Heines, dessen gegen «Altdeutschland» gerichtete «Schlesische Weber» stark nachwirkten und der im letzten seiner 24 «Zeitgedichte» der Zuversicht Ausdruck gibt: «Deutschland hat ewigen Bestand, / es ist ein kerngesundes Land» . . . Nicht ins Englische, sondern ins Deutsche ließ der Dichter sein *Mysterium buffo* übersetzen, als die (dreimalige) Festaufführung dieses ersten sowjetrussischen Theaterstücks eigens für die Delegierten des III. Kominternkongresses vorbereitet wurde. Majakowskis frühere «Rosta»-Mitarbeiterin Rita Rait besorgte die Verdeutschung. Und hatte ursprünglich die Aufführung des *Mysteriums* nur ein Teil des großen Festprogramms zu Ehren des Weltkongresses sein sollen, so wurde, angesichts der politischen Bedeutsamkeit dieser Darbietung, am Ende (24.–26. Juni 1921) ausschließlich Majakowskis Massenrevue gezeigt: 350 Schauspieler waren beteiligt. Dem Spielleiterteam gehörte der deutsche Regisseur Reinhold Reichenbach an, der am Berliner Deutschen Theater mit Max Reinhardt zusammengearbeitet hatte und nun mit der Deutschland-Delegation zum Weltkongreß entsandt war. Er glättete und vervollkommnete auch die deutsche Textfassung des *Mysteriums*, nahm Änderungen vor und fand, wie Rita Jakowlewna Rait berichtet, in den satirischen Szenen «dermaßen treffende Wendungen, daß dann der ganze Zirkus vor Lachen dröhnte» (die drei Aufführungen fanden in der Arena des Moskauer Staatlichen Zirkus statt). Rita Rait hatte, wie sie mir 1951 erzählte, damals als blutjunge Literatin eine dem konkreten Aufführungszweck rasch angepaßte, «notdürftige» deutsche Übertragung angefertigt, die angeblich nicht druckreif gediehen und darum unveröffentlicht geblieben ist. Deren Rolle wäre mit der dreimaligen Aufführung ausgespielt gewesen, meinte die Übersetzerin im Gespräch bescheiden; sie habe nichts gewollt als eine annähernd wörtliche Reproduktion der Gedankenbilder Majakowskis zu bieten, mundgerecht für die des Deutschen mächtigen Darsteller, und das sei ihr (nach dem Aufführungserfolg zu schließen) einigermaßen gelungen. Auf Drucklegung habe sie angesichts der literarischen Unfertigkeit von vornherein verzichtet. Es scheint, daß Rita Raits Text nicht erhalten geblieben ist. Aus Lilja Bricks (von R. Rait bestätigten) mündlichen Erinnerungen weiß ich, daß der Dichter den Text auf eine seiner vier Berlin-Reisen mitgenommen hat, um eine Inszenierung in Deutschland zu ermöglichen. Man kennt ein Schreiben des Übersetzers E. E. Lehmann an Majakowski (vom 14. November 1922), worin es heißt: «Losowick sprach mir davon, daß Sie sehr gern mit mir über die Aufführung Ihres Stückes sprechen würden ...» Und noch ein Faktum: «Kürschners Deutscher Literaturkalender» für 1925–1932 verzeichnet bei Aufzählung der von Johannes R. Becher geschaffenen Übersetzungen ständig außer *150 Millionen* auch *Wolke in Hosen* und *Mysterium buffo*. Die sowjetische Literarhistorikerin Bella Tschistowa veranlaßte die Auslandskommission des Schriftstellerverbandes der UdSSR 1953 zu einer Anfrage bei Becher. Becher gab am 20. Mai 1953 briefliche Auskunft: Unterlagen für eine exakte Beantwortung seien leider nicht mehr auffindbar. «Bei meiner Übersetzung von *150 Millionen* handelt es sich selbstredend nicht um eine eigentliche Übersetzung, sondern um eine sehr freie Nachdichtung, die ich auf Grund einer Rohübersetzung hergestellt habe. Soviel ich weiß, hat Majakowski diese Nachdichtung autorisiert» (durch Vermittlung des Malik-Verlags). «Ich habe späterhin», schreibt Becher, «noch *Wolke in Hosen* und *Mysterium buffo* übertragen, auch noch einige Gedichte, u. a. eines über Deutschland» (alles im Auftrag der Zeitschrift «Arbeiterliteratur», Berlin). «Die Manuskripte sind dann liegengeblieben und später verschwunden.» Becher erinnerte sich, bis 1933 noch Durchschläge davon aufbewahrt zu haben; bei seiner Emigration habe er sie zurücklassen müssen. Soviel ich weiß, fungierten als Vermittler zwischen Becher und Majakowski die Leiter des Malik-Verlags, der dann Bechers Nachdichtung der *150 Millionen* in schöner Ausstattung als Taschenbuch, Erstauflage 5000, herausbrachte. Die hilfreichen Dolmetscher, Interpreten, Autoren von Interlinear-Übersetzungen waren Mitarbeiter der damals von Dr. Erich Baron geleiteten Zeitschrift «Das neue Rußland». Jedenfalls spricht alles dafür, daß Majakowskis *Mysterium* schon in der ersten Hälfte der zwanziger Jahre einem größeren Kreis linksgerichteter deutscher Intellektueller, Schriftsteller, Theaterleute einigermaßen bekannt war. Die Schranke war immer noch der Mangel an adäquaten Übertragungen. *Zeit meines Lebens*, klagte mir Majakowski 1928, *beneidete ich die Maler und Musiker; ihre Sprache bedarf keines Wörterbuches, sie sind auf keinen Übersetzer angewiesen. Mit den Übersetzern ists immer eine Qual. Aber ohne sie – die reine Verdammnis!* Da ich damals schon die ersten eigenen Übertragungsversuche machte, klang des Mentors Stoßseufzer nicht gerade schmeichelhaft, doch wirkte er auch nicht anzüglich. Denn er verriet zugleich Schmerz über ein Mißgeschick, welches ihm, dem zweifelsohne am meisten völkerumfassenden Dichter russischer Zunge, die ersehnte rasche Universalwirkung versagte. Während der beiden Berlin-Aufenthalte Ende 1922 gewann Majakowski Kontakt mit mehreren um den Malik-Verlag gruppierten deutschen Schriftstellern, vor allem mit Franz Carl Weiskopf, Julian Gumperz, Kurt Kläber, Lisa Tetzner und dem Leiter des Verlags, Wieland Herzfelde, sowie dessen Bruder John Heartfield. Im übrigen und hauptsächlich aber beschränkte sich, aus sprachlichen Gründen, sein Berliner Verkehr auf den Kreis der Sowjetkolonie, jedenfalls auf das Milieu der Russischverstehenden. *Im Gegensatz zu Frankreich ist Deutschland für mich leider, leider immer nur ein Durchgangsland gewesen, und nicht einmal ein sehr bequemes,* betonte Majakowski, als ich im Gespräch einmal einen Vortrag über Sowjetliteratur berührte, den ich 1927 in Berlin, im Saal des ehemaligen preußischen Herrenhauses, gehört hatte; Gorki, Fedin, Gladkow, Ehrenburg, Lidin, Wsewolod Iwanow, Ognjew und Sejfullina wirkten damals längst direkt und stark durch ihre ins Deutsche übertragenen Bücher, während Majakowski bloß durch die Macht der «gesta und acta», seiner bekanntgewordenen Biographie und Reputation auf deutsche Gemüter Einfluß übte, in gewissem Sinne sogar als Vor- und Leitbild. *Ich weiß, ich weiß,* versetzte er, *dort hat sich stärker als anderswo meine verdammte sprachliche Isolierung ausgewirkt ...* Wir hatten tatsächlich keine deutliche Vorstellung von Majakowskis Schaffen gehabt, hör-

Majakowski und Ossip M. Brick. Berlin, 1923

ten aber seit 1918 immer häufiger seinen Namen nennen. Man wußte schon: ein herzhaft schneidiger Revolutionsdichter, ein Herold der aufgewühlten Massen war das, der wirkungsvoll in den aufständischen Städten Rußlands seine Verse rezitierte, alte Richtschnüre und Maßstäbe verwerfend. Das erregte unser brennendes Interesse, feuerte uns zum Nachdenken an. Befremdlich und anziehend zugleich war diese dem Werk weit vorauseilende außerliterarische Wirkung der geschichtlich agierenden Persönlichkeit. Als ich während des VI. Kominternkongresses (Sommer 1928) mit Majakowski persönlich bekannt wurde und auf jene Fernwirkung zu sprechen kam, war er weder erstaunt noch betroffen. *Was wollen Sie*, meinte er ruhig, nicht ohne Stolz sogar, *das ist ganz in der Ordnung. Rußlands Tatsachen übertönen seit 1917 eben Rußlands beste Gedichte.*

Im Flugzeug, über Königsberg, begab sich Majakowski zu einem dritten Aufenthalt nach Berlin. Das prächtige Juliwetter (1923) verlockt ihn zu dreiwöchigem Ausspannen in Flinsberg, Isergebirge. Fern die Moskauer Tretmühle. Wellige Hügel, dazwischen stille alte Dörfer, Waldpfade, versteckte, murmelnde Bäche. Die Nerven ruhen, aber der Geist bleibt in Unrast. Der genau Dreißigjährige ist kein Naturschwärmer . . . Im August versucht er's mit der Nordsee, mit der Insel Norderney. Vielleicht kennt er sie aus Heinrich Heines lyrischem Lebenswandel. Vor fast hundert Jahren (1825), zu derselben Jahreszeit, hat der Autor deutscher «Nordseebilder» auf demselben Strand sich Badefreuden, Betrachtungen des Wellenspiels, Studien buntfarbener Wolkenbeleuchtung hingegeben. Hauptgegenstand der romantischen Träumereien war das Meer in seinem ewigen Wechsel. Anders der Oktober-Dichter aus Rußlands gewaltig brodelndem Hexenkessel. Noch vor drei Jahren hat er ein Scherzgedicht *In Heines Manier* genannt: *Sie zückte den zornigen Blitz ihres Augenlichts: / «Ich hab dich mit einer Andern gesehn. / Du bist der gemeinste, nichtswürdigste Taugenichts! . . .» / Und sie schalt und sie schimpfte und ließ sich mal gehn. // – Ich bin ein gebildeter Bursch, meine Liebe. / Drum lassen Sie bitte Ihr Donnern sein. / Und bin ich beim Blitzschlag am Leben geblieben, / so schüchtert, bei Gott, mich der Donner nicht ein.* Und nun wiederum Majakowskis Gedicht *Norderney*, wo der lyrische Impuls nicht ohne Heineschen Sarkasmus sein Auslangen findet, provoziert vom gesellschaftlichen Objekt und den gegebenen Naturrahmen nur für die ironische Kontrastwirkung nutzend. *Ein Provinznest wie andre – plus Sandwü-*

stenei, / ein deutsches Seebad: Norderney. / Vom Himmel fällt bald ein Strahl, bald eine Möwe. / Das Meer sprüht Feuer und schläft wie ein Löwe. / Ich weile zur Kur / bei Mutter Natur: / bald malmen die Wogen des Strandes Trümmer, / bald zeigt ein Delphin seine glitzernde Kraft, / bald geistert ein phosphoreszierender Schimmer, / bald schwimmt ein Abend in Moosbeersaft. / O Schwermut! / Ich schlucke des Wartens Wermut. / Ach, ließe ein Blitzschlag das Welt-Ohr tosen! / Ich glaub an die wilde, ich glaub an die baldige. / Mir schwanen auch hier Kronstädter Matrosen, / «Aurora», die donnergewaltige. / Doch das Meer ist geduldig und denkt nicht an Stürme. / Kein Lüftlein streichelt des Meeres Leib. / In den Sand gewühlt, maritime Gewürme, / lungern die Badenden, Mann wie Weib. / Bald scheint mir: der Sturmwind springt auf von der Düne. / «Ihr Herrschaften! rettet euch, seht ihr die Flagge? / Das fegt euer Fett von des Lebens Tribüne. / Sandkörner sind Kugeln, solch Sand heißt Attacke!» / Doch nein, der Sand kost die Schmerbäuche willig. / Kein Wind will die Damen am Zunehmen hindern. / Sie lächeln: «Wie lebt man in Deutschland jetzt billig!» / Asthmatische Schieber wärmen den Hintern. / Gemach, schon marschiern eure roten Rotten. / Und Liliput fesselt nicht lang mehr den Gulliver. / Schon tanzt euch der Eßtisch, das Haus samt Klamotten, / schon faßt der Orkan euch und reibt euch zu Pulver. / Nicht lange mehr wird der Ober hier dienern, / nicht lang werden Bankherren saugen an Hummern, / Faschistenfräulein frech mussolinern / und satt im Dämmer der

Nordsee entschlummern. / Wes Herz vom Oktober durchwettert worden, / dem schmecken nicht Berge, dem munden nicht Meere, / nicht Waldluft im Süden, noch Seeluft im Norden – / ein Klima nur frommt ihm: das revolutionäre! Geschrieben in dem deutschen Seebad und sogleich veröffentlicht in der Moskauer «Iswestija» vom 12. August 1923. Der Dichter unterstreicht hyperbolisch seine Gleichgültigkeit gegen Elementarschönheiten der ozeanischen Insel; sein Denken und Fühlen gehört ganz der heraufziehenden, von ihm ungeduldig erwarteten, reinigenden revolutionären Krise in diesem Deutschland der katastrophalen Inflation und der bis zu Bürgerkriegsschärfe gesteigerten Klassenkämpfe von 1923. Die zu Billionenzahlen ausgeartete Markentwertung verwandelte die Weimarer Republik vorübergehend in ein Dorado für Währungsspekulanten, Valutaschieber, Grundstückaufkäufer und wohlhabende ausländische Vergnügungsreisende. Wie grausam-trügerisch war jener Scheinfriede der Hügel, Wälder, stillen Dörfer von Flinsberg! wie paradoxal jener Löwenschlummer der Nordsee, die man in Rußland früher auch das «deutsche Meer» zu nennen pflegte ...

Rasch um Mitte September ein Sprung nach Berlin, wo der Dichter sich vergeblich um das Einreisevisum nach den USA bemüht. Auch die nächste Berlin-Fahrt Majakowskis im darauffolgenden Frühjahr bezweckt die Erlangung des amerikanischen Visums; nach zweiwöchigem Warten wieder ein abschlägiger Bescheid. Am 29. April 1924 veranstaltet die Deutschland-Sektion des Gesamtrussischen Presseverbandes im großen Saal des früheren preußischen Herrenhauses zu Berlin einen Majakowski-Abend; Wladimir Wladimirowitsch spricht zuerst über das literarische Antlitz der RSFSR, wobei er die «Lef»-Bewegung heraushebt, dann rezitiert er Eigenes, wie üblich, um mit Fragenbeantwortung zu schließen. Drei Tage darauf, noch im Zeichen der Maifeier, spricht Majakowski im Kreis der sowjetischen Kolonie in Berlin. Dieser vorher nicht angekündigte, ganz kurzfristig angesetzte Abend ist in der schon erwähnten Zeitung «Nakanune» folgendermaßen besprochen: «Ein Abend des ‹O›» (dies war die Abkürzung für «Objedinenije», so hieß die «Vereinigung sowjetischer Studenten in Deutschland»). «Gestern veranstaltete das Berliner studentische ‹O› im Meistersaal eine Maifeier. Professor Bessonow hielt das Festreferat, worin er auf Rolle und Aufgaben der proletarischen Hochschülerschaft in der UdSSR einging. Nach dem Vortrag las Ilja Ehrenburg Auszüge aus seinem noch unvollendeten Roman ‹Jeanne Ney›; der Lyriker Majakowski trug eigene Gedichte vor.» Dasselbe Emigrantenblatt vermerkte auch eine Veranstaltung vom 26. April vor einem gemischt deutsch-russischen Publikum: «Der ‹Rechenschafts-Samstag› im ‹Künstlerkreis› verlief erfolgreich. Diese ‹Samstage› gewinnen guten Ruf in Berliner Kunstkreisen und zunehmenden Besuch. Schriftsteller, Lyriker, bildende Künstler, Musiker und Schauspieler verbringen dort freundschaftliche Gesprächsstunden im einladenden Atelier der Maler A. Gulitsch und N. Sarezki. Mary Schneider las diesmal den Epilog aus Arnolt

Inflation: Straßendemonstration in Berlin, 1923

Bronnens Schauspiel ‹Vatermord› und eine Ballade von Bert Brecht ... Wladimir Majakowski rezitierte eines seiner besten Gedichte: *Seltsames Abenteuer.*» An dem Literaturabend beteiligte sich auch Sigismund von Radecki mit Rezitationen; bald nachher übersetzte er das an diesem Abend gehörte *Seltsame Abenteuer* für die deutsche Anthologie russischer Lyrik «Der Glockenturm». Durchaus kein Zufall, daß einige der Genannten zum Bekanntwerden Majakowskis in Deutschland beitrugen. Der Maler Sarezki hat für die Berliner Majakowski-Gedichtsammlung *Verse dieses Jahres* die Buchausstattung ausgeführt; die Schauspielerin Mary Schneider pflegte öffentlich Majakowski (russisch) zu rezitieren. Der Theatermann Gustav von Wangenheim erzählt von einer Begegnung Majakowskis mit Schauspielern des Deutschen Theaters in der kleinen Berliner Mansardenwohnung des Schauspielers Alexander Granach, wo der Gast aus eigenen Versen vortrug und dank seinem markanten Rezitationsstil tiefen Eindruck hinterließ. Granach, Mitglied des Deutschen Theaters, später in der Emigration gestorben, hat nach der denkwürdigen Begegnung mit Majakowski noch öfters Lesungen aus dessen Lyrik veranstaltet, an die sich zum Beispiel der Literat Emil Rudolf Greu-

Iwan Goll

lich, ehemals politischer Häftling des Moabiter Gefängnisses, in einem Gedächtnisaufsatz voll Anerkennung erinnert. Die schon erwähnte, vom Berliner Verlag für Literatur und Politik herausgegebene Zeitschrift «Arbeiterliteratur» entsandte die Publizistin Cläre M. Jung zu Majakowski mit der Bitte um Mitarbeit. Sie erzählt: «Majakowski wohnte in einer Pension in der Kurfürstenstraße. Er ist mir in Erinnerung geblieben: groß, beweglich, mit ausdrucksvoll lebhaftem Gesicht. *Ich liebe Deutschland und ich bin gern in Berlin. Aber ich möchte sagen: nirgends ist es wie in Rußland. Komm ich nach Jahren zu Freunden ins Ausland, dann ists, als träfe ich sie noch sitzend an dem nämlichen Tisch von vorhin und bei den gleichen Gesprächen. Deutschland hat doch vier Jahre einen furchtbaren Krieg durchgemacht und eine Revolution; es ist durch Ruin und Inflation gegangen, aber seine Menschen haben sich nicht gewandelt; es ist, als wäre dies alles nicht gewesen. Wenn ich hingegen nach einer Abwesenheit von nur wenigen Wochen nach Moskau oder in sonst eine beliebige russische Stadt zurückkehre, dann hat sich dort immer wieder etwas verändert, neuentwickelt, es ist aufgeblüht, gewachsen . . .* Ich konnte sein Gefühl sehr gut verstehen . . . Der Dichter wurde lebhaft, als er von seinen Büchern sprach. *Zur Zeit,* sagte er, *arbeite ich an einem Poem ‹Wladimir Iljitsch Lenin›. Ich habe deswegen Lenins Werke studiert, viel Material gesammelt; es soll etwas wie ein Bildnis werden.*» Bella Tschistowa hat recht, wenn sie urteilt: die persönlichen Begegnungen mit fortschrittlichen deutschen Literaturschaffenden haben jedesmal auf die Gastgeber herzerfrischend und anregend gewirkt; immer belangreicher wurde auch Majakowskis Ruf in deutschen Landen, wenngleich man zu weit ginge, zu behaupten (wie Tschistowa): er sei zu einem «Lehrmeister und Ratgeber» für jene Literaten geworden. Zu groß war die Sprachenschranke: immer mußte ein Dolmetsch herhalten. Die erste im Druck erschienene Verdeutschung Majakowskis stammt aus der Feder Iwan Golls, des expressionistischen Poeten, eines Schülers von Ludwig Rubiner. Goll übertrug einen Auszug aus *Krieg und Welt* unter «Mithilfe russischer Freunde» und veröffentlichte ihn in der Expressionistenzeitschrift «Menschen» (Juli 1921). Drei Jahre darauf wandte sich Goll aus Paris brieflich an Majakowski: «Verehrter Kamerad! Viele Freunde, Chagall, Grosz, Ehrenburg, Jarmolinski, und alle Rußlandreisenden haben mir geraten, Ihnen meine Werke zu schikken. Statt vieler kleiner Broschüren, die in Deutschland erschienen, sende ich Ihnen einen Sammelband meiner Poeme und Dramen, die ich in französischer Sprache herausgegeben habe. Ich schreibe deutsch und französisch, gehöre aber nur Europa ... Wenn ich etwas aus dem wunderbaren Rußland hören könnte und lesen, wäre ich glücklich. In brüderlichem Gedenken Iwan Goll.» Solcher Anbahnungen gab es mehrere. Tschistowa verweist auf Kontakte mit dem holländischen Schriftsteller Nico Rost, einem späteren Häftling des KZ Dachau, der Majakowski 1924 in Moskau besucht und dann eine Broschüre «Kunst und Kultur in Sowjetrußland» publiziert hat (Amsterdam, 1924). In der Berliner Zeitschrift «Der Querschnitt» berichtet Rost: «Er (Majakowski) war gerade von einer längeren Reise zurück und erzählte, welch begeisterte Aufnahme seine Gedichte gefunden hatten, als er sie in Fabriken und Dörfern selbst vortrug.» Der Dichter hatte soeben eine Fahrt durch die Ukraine absolviert. Er ließ sich auf zahllosen Vortragstourneen sehr gern den Wind seines unermeßlichen Heimatlands um die Ohren wehen und arbeitete mit Vorliebe auf Reisen. Mit seinen breitsohligen, meist eisenbeschlagenen Schuhen hätte er am liebsten die Rotation des Planeten beschleunigt: *Sah den Erdball sich drehn, / war von Eile beschuht – / ja, das Dasein ist schön, / und das Leben ist gut.* Die Begeisterung des Globetrotters galt dem In- wie dem Ausland. *Ich brauche das Reiseleben; die Hinwendung zu den lebendigen Dingen ersetzt mir geradezu das Bücherlesen. Fahrwind fesselt den heutigen Leser. Statt ausgeklügelter Interessantheiten über langweilige Gegenstände, Bilder und Gleichnisse – her mit den durch sich selbst interessanten Dingen. Ich habe zu wenig gelebt, um zutreffend und ausführlich Einzelheiten auszumalen. Ich habe genug gelebt, um das Generelle richtig darzureichen.* (Aus dem Kurzvorwort zu *Meine Entdeckung Amerikas*, 1925/26.) Diese Weltneugier war somit nicht, wie bei vielen,

Ilja Ehrenburg

Lord Curzon

Flucht vor dem Ich, Pilgerschaft nach Utopia, sondern es handelte sich um Wanderfahrten rein produktiver Natur, um Studienreisen mit Erkenntniswert. Soweit diese Marschrouten sich aufs Inland beschränkten, dienten sie der Aussprache mit der Leser- und Hörerschaft, zugleich natürlich auch der «tribünenmäßigen» und in vielem typisch rednerischen Darstellung des Eigenen: der Rezitation älterer Gedichte wie auch der stimmlichen Erprobung des Neugeschaffenen, das hiermit zur Diskussion gestellt wurde. Die Auslandsreisen verleidete ihm allemal seine leidige Unkenntnis der Fremdsprachen; er hatte für sie kein Aufnahmeorgan. Er reiste mit Liliputwörterbüchern in der Westentasche und mit russischen Metoula-Sprachführern (Methode Toussaint-Langenscheidt), die ihm zur Not in der Hotelhalle, am Frühstückstisch und im Tabakladen aushalfen; von Unterhaltung und Aussprache mit Einheimischen, von geistigen Kontakten konnte nur dort und eingeschränkt die Rede sein, wo Dolmetscherdienste zur Verfügung standen. Jemand in Berlin sagte: «Sie müßten doch spielend deutsch lernen, Wladimir Wladimirowitsch!» – *Woraus schließen Sie das?* – «Nun, klar: Gymnasialbildung plus Auslandsreisen . . .» – *Nein,* widersprach Majakowski entschieden, *leider nein: Auslandsreisen minus Gymnasialbildung!* Der reisende Polemiker, der rasende Rezitator, der er im Heimatbereich war, verlor seine Zungenfertigkeit, sobald er die Grenze überschritt. Auch dieser «organische» Mißstand mag wesentlich zu dem Heimweh beigetragen haben, das unseren Dichter sogleich überfiel, kaum daß er drei Tage seine gewohnte Lebenssphäre vermißte: die volkreichen Moskauer Straßen, die geschäftigen, tabakrauchigen Zeitungsredaktionen, die Vortragssäle und Klubkorridore, sein Arbeitszimmerchen am Lubjanskij Projesd. Dennoch hat er seit 1922 neunmal sich auf Fahrten über die Staatsgrenze hinaus begeben (nachdem er seine Inlandstourneen dermaßen auf Hochtouren gebracht, daß schließlich binnen fünf Jahren 54 Städte der UdSSR besucht waren). Zweimal schickte er sich an, eine Reise um die Erde zu unternehmen. Er liebte genießerisch alle Beförderungsmittel, am meisten das Flugzeug. Einmal bereiste er den amerikanischen Kontinent, weilte auf Kuba, in Mexiko, in den Vereinigten Staaten. Einmal sah er als Transitfahrgast Spanien. Einmal besuchte er die Tschechoslowakei, einmal Polen, einmal Lettland, sechsmal Deutschland, sechsmal Frankreich. Auf dem Reiseplan seiner Erdumsegelung standen Südamerika, Japan und die Türkei. Sein Wunsch, sein Plan, Italien kennenzulernen, scheiterte an Zeitnot und widrigen Umständen. Großbritannien, das ihn lebhaft interessierte, verweigerte ihm (durch den Pariser Konsulardienst, 1924) das Einreisevisum – woran des Poeten allzu spitzes Pamphlet gegen Lord Curzon schuld war: erschienen als Teil der *Majakowskischen Galerie* in der Juni/Juli-Nummer der «Krasnaja Nowj», 1923, rief es schon im August einen wütenden Protest der konservativen Londoner «Morning Post» hervor, die den Sowjetdichter der Verunglimpfung zieh und der britischen Regierung empfahl, den Autor «wegen Verleumdung zur Verantwortung ziehen zu lassen»; daß nach solchem «Inzidenzfall» Majakowski auf Lebenszeit zum «unerwünschten» Reisegast erklärt und ausgesperrt werden mußte, ist klar. Er hat weder das Inselreich noch dessen Kolonien je betreten dürfen. Auch in Paris gab es mehr als einmal Schwierigkeiten mit der Paßstelle der Polizeipräfektur; einmal entging der Dichter mit knapper Not einer Ausweisung aus Frankreich – und nur dank dem geschickten Dazwischentreten von Elsa Triolet, der Schwester seiner Moskauer Freundin Lilja Brick (Elsa wurde später Louis Aragons Frau). Als Majakowski im Herbst 1924 in Paris die Vorbereitung der angebahnten Weltreise betrieb, stieß er sogleich auf einen unüberwindlichen Widerstand: der Sichtvermerk zur Durchreise durch Kanada war für ihn nicht zu erlangen. Auch das USA-Visum stand noch aus. So weit reichte die Hand des schwergekränkten ehemaligen Vizekönigs von Indien, des George Nathaniel, Marquess of Kedleston, kurz Lord Curzon genannt, der nicht ahnte, daß seine Tage gezählt waren: er schloß die Augen im regnerischen Frühjahr 1925, im Alter von 66 Jahren, nicht ausgesöhnt mit dem Schicksal, in Majakowskis *Galerie* verewigt zu sein: ... *Sprach kichernd der würdentragende Mann: / «Denen heiz ich tüchtig ein in Lausanne!» / Und vielen erkläre dies Miniatürchen, / wer schuldträgt am Krakeel zwischen Griechen und Türken* ... Am 4. Dezember 1924 traf als erster Botschafter der UdSSR in Frankreich Leonid Borissowitsch

Krassin ein; diesen Tag erlebte Majakowski in Paris, und er wohnte auch der feierlichen Zeremonie bei, als überm Gebäude der russischen Botschaft, Rue de Grenelle, zum erstenmal die Sowjetflagge gehißt ward, man schrieb den 14. Dezember. Er sang mit Donnerstimme die «Internationale» mit, die damals Staatshymne der UdSSR war, und behandelte diesen Tag, mitsamt den Protestpfiffen der von Gegnern angeheuerten «Camelots du Roi», in dem Gedicht *Die Flagge* (veröffentlicht später im «Moskauer Almanach» für 1926): *Und ihr Gepfeife, wie Erbsen, prallt auf Granit ...* Kurz zuvor war er bei einem anderen, volkstümlichen Massengepränge zugegen gewesen: am 23. November hatte man von Staats wegen die Asche des 1914, in den ersten Kriegstagen, von Monarchofaschisten ermordeten großen Sozialistenführers Jean Jaurès offiziellerweise in das Pariser Panthéon, die Begräbnisstätte berühmter Franzosen, übergeführt. Majakowski teilte die Empörung der linksgerichteten französischen Intelligenz über diesen scheinfrommen Akt der herrschenden Mächte, die den toten, nunmehr wehrlosen und ungefährlichen Gegner für die eigene, altersschwache Ideenwelt in Anspruch nahmen, als hätte der nun Tote diese Ideenwelt nicht zeitlebens bekämpft und verabscheut. Ein tonangebender Vertreter dieser Intelligenz, der Publizist Paul Vaillant-Couturier, nannte jenen Festakt öffentlich «die zweite Ermordung Jean Jaurès'». Dieser Fall gab Stoff und Anstoß zu einem zweiten der acht im Zyklus *Paris* vereinigten Zeitgedichte: *Jaurès: November. Bekümmert und arbeitslos / das Volk von Paris. Da schau ich: / ein Aufzug in Autos! Ganz groß. Was ist los? / In Dreispitzen, pomphaft, beschaulich. / In Handschuhn die Mörderhände des Kriegs, / seitdem rote Chancen aufschienen, – / sie machen uns ein «U» für ein «X», / um an Jaurès zu verdienen ... / Schon längst die rührselige Redensart floß: / Interessengemeinschaft, Progreß ... / Halt, stillgestanden! W e r von euch schoß / durchs Fenster jüngst auf Jaurès?! / Jetzt kommt man mit Seelenmeß und Choral. / Arbeiterklasse, paß auf! / Camarade Jaurès, zum zweiten Mal / sucht dich der Revolverlauf!* Und hiernach der Fortissimo-Schluß des (hier auszugsweise wiedergegebenen) Gedichts: *Und sieh: das Feuer erneut seinen Brauch / und das Lied, das den Aufstand pries. / Des Volks Kanoniere ziehn im Rauch / (wie einst) zu den Forts von Paris. / Man preßt mich rücklings ans Schaufenster: sieh! / Aus Büchern steigen die Schatten. / Das Jahr einundsiebzig. Die Phantasie / sprengt Grüfte und Kasematten. / Hoch atmet die Brust, hebt Berge fürwahr / und harrt befreiender Taten. / Wer faselt, wir hätten im Siebzehnerjahr / das Volk von Frankreich verraten?! / Blaublusen Frankreichs, ihr mannhaft Entzündeten, / der Feind, der gemeinsame, narrt euch so. / Stets waren im Aufstand wir deine Verbündeten, / Werkvolk von Renault, Kumpelschaft von Creusot.*

Majakowskis Auslandsgedichte, deren Zahl nach der großen Frankreich-Amerika-Frankreich-Reise des nächsten Jahres (Mai bis November 1925) sich wesentlich vermehrt, sind gleichsam das imposant-eindeutige Ergebnis der überaus empfänglichen Reflexionsfähig-

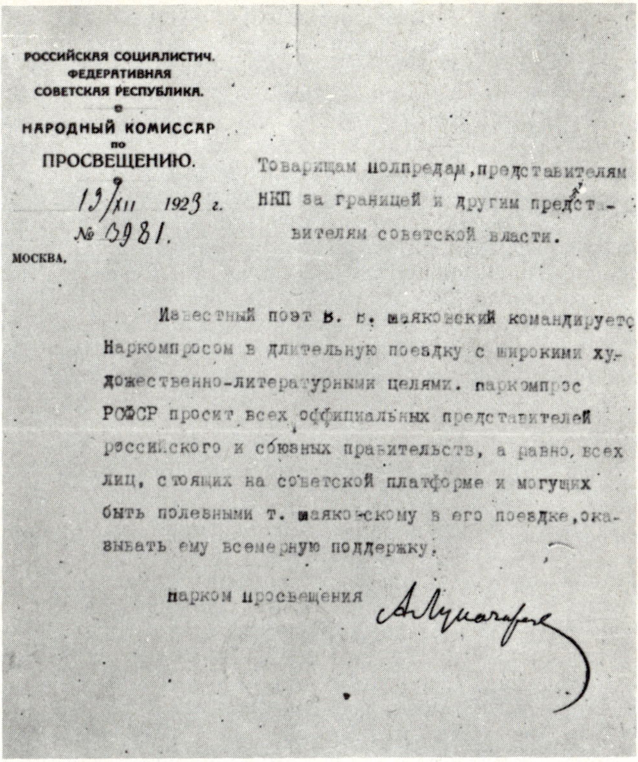

РОССИЙСКАЯ СОЦИАЛИСТИЧ.
ФЕДЕРАТИВНАЯ
СОВЕТСКАЯ РЕСПУБЛИКА.

НАРОДНЫЙ КОМИССАР
по
ПРОСВЕЩЕНИЮ.

19/XII 1923 г.
№ 3981.

МОСКВА.

Товарищам полпредам, представителям НКП за границей и другим представителям советской власти.

Известный поэт В. В. Маяковский командируется Наркомпросом в длительную поездку с широкими художественно-литературными целями. Наркомпрос РСФСР просит всех оффициальных представителей российского и союзных правительств, а равно всех лиц, стоящих на советской платформе и могущих быть полезными т. Маяковскому в его поездке, оказывать ему всемерную поддержку.

Нарком просвещения

Geleitschreiben Lunatscharskis für eine Dienstreise Majakowskis. Dezember 1923

keit und produktiven Begabung dessen, der sich als fürs Ausland *bevollmächtigten Pol-pred* (politischen Vertreter) *des Verses* bezeichnet hat. Welcher Abstand, welch klassisch selbstbewußter Hochsinn gegenüber dem Kontrastphänomen eines Amerika-Wallers der nachfolgenden Generation, wie Jewgenij Jewtuschenko, der, obschon Patriot seines Heimatlandes, bei der unvermittelten Begegnung mit der heterogenen Zivilisation einer sogenannten Prosperität (halb zog sie ihn, halb sank er hin) ein relativ anderes Verhalten an den Tag legte als Majakowski. In dem Gefühl, als bevollmächtigter Vertreter, als Mandatar einer neuen Kulturwelt, eines neuen Geisteslebens, ins kapitalistische Ausland zu kommen, wo noch alte, überlebte (und damals von den Kriegsfolgen mehr oder minder nachteilig beeinflußte) Zustände herrschten – in diesem Botschaftergefühl, das niemals und nirgends unter Zweifelsanwandlungen ins Schwanken geriet, bestärkte der Dichter Majakowski seine felsenfeste Überzeugung von der neuen Funktion der geistigen Werte seiner Nation nach Übernahme der Macht durch die Werktätigen. Und diesen Umwertungsprozeß hatte er zu repräsentieren – in einer heteromorphen Umwelt, in einem System und Milieu, das er aus Kindheits- und Jugenderinnerungen selber kannte. Das hatte er freilich vor einem Jewtuschenko voraus (ganz abgesehen von dem Grad der Begabung). Zudem fühlte Majakowski sich getragen vom Vertrauen der Millionenmasse seiner heimischen Leser und Hörer; das fällt stark ins Gewicht. Zuletzt wirkte wohl noch der Umstand, daß er sich gewissermaßen auch offiziell und formell akkreditiert wußte durch amtliche Empfehlungsschreiben, die ihm von Moskauer maßgebenden Persönlichkeiten auf den Weg mitgegeben wurden. Die Bedeutung solcher Passepartoutbriefe war bei der damaligen Weltlage größer als heute. Dennoch erwies sich Majakowskis persönliches Ansehen schon 1924 als ausreichend, um derlei Papiere unnötig zu machen.

WELTREISE – TEILWEISE

Der zwingende Wunsch, die als unumgänglich empfundene Aufgabe: die Zwei-Welten-Situation geistig zu bewältigen, und zwar mit den spezifischen Mitteln der sozialistisch-realistischen Dichtkunst – die in Majakowskis Werkstatt den Futurismus abgelöst hatte –, legte dem Dichter Anfang 1925 neuerdings den Gedanken einer Studienreise nach den USA nahe. Nach Vollendung und (Februar 1925) Veröffentlichung des Lenin-Poems (von dem noch im weiteren die Rede sein wird) hatte er Zeit, Mut und Lust, aufzubrechen: diesmal via Mexiko. Im Chabarowsker «Stillozeanischen Stern» erschien ein Artikel David Burljuks: «Briefe aus dem zeitgenössischen Amerika». Untertitel: «USA im Blickfeld dreier Autoren (Korolenko, Gorki, Majakowski)»; ein Aufsatz, worin das Amerika-Bild der *150 Millionen* erläutert und geschlossen wird: «Umsonst strebt Majakowski Einreise ins ‹Land der Freiheiten› an. Autor beriet darüber mit dem Rechtsberater in UdSSR-Sachen, Mr. Charles Recht. Auf meine Frage, ob Majakowski Einlaß nach USA finden würde, schüttelte der Anwalt den Kopf: ‹Kaum. Allzu ausgeprägt stecken in ihm elementares Aufrührertum und Neigung zu breitester Agitation.›» Das war wenig ermutigend. Dennoch flog Majakowski am 24. Mai von Moskau nach Königsberg und langte, nach kurzem Zwischenaufenthalt in Berlin, am 28. in Paris an. Von da schrieb er am 2. Juni an Lilja Brick: *Gebe erst heut Nachricht, weil Samstag, Sonntag, Montag alles geschlossen und nichts über Mexiko zu erfahren war . . . Mein Dampfer geht erst am 21. (der allernächste); morgen buche ich Platz auf «Espagne Transatlantique», 20 000 Tonnen, ein braver Onkel, wenngleich nur zweischlotig; teuer; trachte nichts auszugeben, lebe von unserer Zeitung, 2 Franken die Zeile . . . Die Ausstellung* (gemeint ist die Pariser Kunstgewerbliche 1925, wo Majakowski für Reklameplakate sogar eine Silbermedaille erwarb. D. A.) *ist der fadeste und nichtsnutzigste Ort. Abgeschmacktheit, unvorstellbar. Das sogenannte «Paris im Lenz» ist Bluff: nichts blüht, nur die Straßenreparatur allerorten. Den ersten Abend fuhr ich aus, jetzt rühr ich mich nirgendhin, schlafe zweimal je Tag, eß Doppelfrühstück, nehm Brausebad, Schluß ...* Nach genauer Beschreibung von Elsa Triolets Foxhündchen heißt es weiter: *Flug verlief gut. Der Deutsche gegenüber kotzte, doch nicht auf mich, sondern auf Kowno. Pilot Schibanow ist ein As. Alle deutschen Direktoren, erweist sich, wollen nur mit ihm fliegen ... In Königsberg trudelte er bis vors Zollamtstor im Flughafen, alles erschrak, doch er besitzt nämlich den Ersten Preis für Exaktlandung. Solltest Du fliegen, so nur mit ihm. Dann schlenderte ich in seiner Gesellschaft den ganzen Abend durch Königsberg.* Am 11. berichtet er der Freundin: die «Espagne» verlasse erst um den 19. Saint-Nazaire und werde 16 Tage übern Ozean schaukeln. *Ich kümmre dahin, schlimmer als je. Die Ausstellung hängt mir zum Hals raus, besonders das Herumgetratsch: jeder will sein eigenes chef-d'œuvre schaustellerischer exponiert sehn und strapaziert seine Französischkenntnisse, um dem eignen Ich ein paar warme Worte zu widmen. Heute erhielten wir aus Moskau den monsieur Paul Morand zurück, sichtlich ein ausgekochtes Ekel* (Morand brachte sehr bald über seine UdSSR-Reise das gehässige Pamphletbuch «Je brûle Moscou» heraus. D. A.). *Kein einziges Mal im Theater gewesen, nur einmal im Kino, Chaplin gesehn. Unausstehliche Hitze; einzig erträglicher Ort: der Bois, und nur abends. Heute geh ich in unsere Botschaft; soll abends dort Verse rezitieren ...* Knapp vorm Reisetag widerfuhr dem Dichter ein schweres Malheur, ein Rückschlag, der alles zu vereiteln drohte: man stahl ihm die Brieftasche mit der ganzen Barschaft und den Papieren. Elsa Triolet schreibt in ihrem Buch «Maïakovski, poète russe»: «Ich kam ihn am Morgen aus seinem Hotelzimmer abholen. Er saß in Hemdsärmeln und aß zum Frühstück sein ‹jambon›. Vorm Weggehen zog er das Jackett an, das über der Stuhllehne gehangen hatte, und überprüfte mit mechanischer Tastbewegung den Inhalt der Rocktaschen. Da sah ich ihn plötzlich erblassen. Nie hatte ich jemand vor meinen Augen so aschfahl werden sehen. Man hatte ihm sein ganzes Geld entwendet, seine gesamten 25 000 Franken. Und er stand auf der ersten Staffel der Weltreise, die für ein ganzes Jahr geplant war, ohne einen einzigen Franken in der Tasche da. Jeder hätte sofort sich Geld für eine Fahrkarte nach Moskau geliehen und wäre mit ein wenig Scham und viel Galle heimgereist. Anders Majakowski. Sein Schock wirkte keine Stunde. Schon auf dem Wege zur Polizei (diesmal paßte er seinen Schritt nicht dem meinen an) meinte er: *Hauptsache – in unserm Lebensplan nichts ändern: Frühstück in der Grande Chaumière, dann meine Einkäufe ...* Nie ließ er sich von den Umständen regieren. Er begann Geld zu beschaffen, um das Eingebüßte zu ersetzen. Er pumpte. Er holte Geld, wo immer er konnte, machte Anleihen bei jedermann. Das Borgen ward zur Kurzweil ...» Die Kunstgewerbeausstellung hatte viel Besuch aus der UdSSR nach

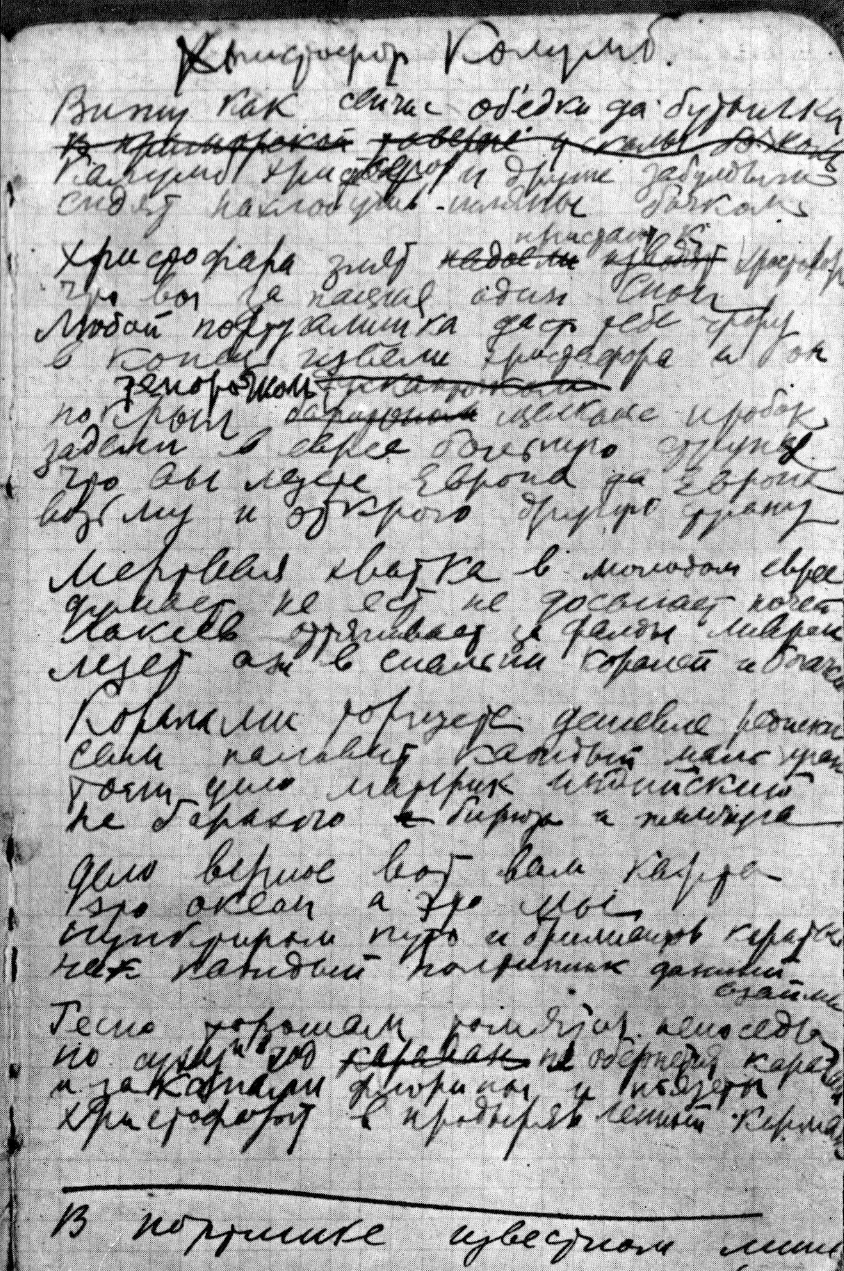

Aus dem Manuskript zum «Christophor Kolumbus», Juli 1925

Paris gebracht: manch ein Borg kam zustande. Auch die Pariser Sowjet-Handelsvertretung schaltete sich ein, setzte sich mit dem Moskauer Staatsverlag in Verbindung; der entschloß sich rasch zu einem Vorschuß auf Rechnung des kurz zuvor unterzeichneten Vertrags über Herausgabe von Majakowskis Gesammelten Werken. Am 18. Juni schreibt der Poet: *Morgen früh 8.40 Uhr fahr ich nach St. Nazaire (Bretagne) und schon 12 Stunden drauf ruh ich an Bord. Den 21. stech ich in See!* Auf das Malheur zurückkommend: *Der Dieb hatte im «Istrien» das Zimmer vis-à-vis dem meinen gemietet, und als ich für 20 Sekunden in Sachen des Bauchs hinausging, stibitzte er mir mit ungewöhnlichem Talent mein ganzes Geld samt Brieftasche (mit Deinem Foto und allen Papieren!) und türmte in unbekannter Richtung. All meine Eingaben blieben erfolglos. Den Spuren nach handelte es sich um einen sehr berüchtigten Spezialdieb. Ums Geld traure ich junges Blut nicht übermäßig. Doch der Gedanke, die Reise abzubrechen und wieder als der Dumme heimzukehren, machte mich rasend. Jetzt ist dank Deiner und des Verlags Nothilfe ja alles in Ordnung ...* Am 21. geht's an Bord der «Espagne» hinaus in den Atlantik, durch den Golf von Biskaya wieder nach Santander, Nordspanien, wo mehrstündiger Aufenthalt auch dazu verwendet wird, das Gedicht *Spanien* niederzuschreiben, als Eröffnungsstück des lyrischen Transatlantik-Zyklus. *Wir nähern uns der Insel Kuba,* berichtet der Dichter seiner Freundin am 3. Juli; *Port Havanna (mit den Zigarren), zwei Tage Station. Hitze untragbar!* Später: *Rechts zeichnet sich erstlich echtes Landmassiv ab: Florida ... Muß Verse über Christoph Kolumbus schreiben; sehr schwierig, da kein Odessaer zur Hand, von dem man das Diminutivum von «Christophor» erfahren könnte. Und «Kolumbus» zu reimen ist in den Tropen ein heldisch Unterfangen ...* Auf der Überfahrt Europa-Amerika (21. Juni – 8. Juli 1925) glückten Majakowski sechs großartige Gedichte: *Spanien, Sechs Nonnen, Atlantischer Ozean, Seichte Philosophie an tiefen Stellen, Black and White* und endlich das fesselnde Kurzpoem *Christophor Kolumbus.* Später wird Majakowski die transozeanischen Prosaskizzen betiteln: *Meine Entdeckung Amerikas.* Zwei Tage nach Datierung dieses vollendeten Kurzpoems («7. Juli –25») landet Majakowski in Vera Cruz. Am Abend Abfahrt nach Mexico City. *Die Strecke Vera Cruz–Mexico City soll die schönste der Welt sein. Bis zur Höhe von 3000 Metern steigt sie an Rändern von Abgründen entlang, zwischen Gefels und Tropenwaldung. Ich weiß nicht. Habs nicht gesehen. Doch auch die tropische Nacht, die am Waggon vorüberzog, war ungewöhnlich ... Ich stand früh auf. Ging auf die Plattform hinaus. Alles war umgekehrt. Solchen Erdstrich hab ich nie erschaut und nie geglaubt, es gäbe dergleichen. Vorm Hintergrund des roten Sonnenaufgangs standen, selber rotgesprenkelt, Kakteen. Nichts als Kakteen. Mit warzenübersäten Riesenohren lauschte Nopalea, die Leibspeise der Esel. Mit langmächtigen Küchenmessern, alle aus einem Punkt hervorstechend, wuchs Mogea hoch. Aus ihr destilliert man ein Halbbier-Halb-*

schnaps-Gesöff «Pulke», womit man hungrige Indios berauscht. Und hinter Nopalen und Mogeen ragt fünfmannhoch noch ein Röhrengewächs, förmlich wie die Orgelpfeifen im Konservatoriumssaal, nur dunkelgrün, voller Nadeln und Zapfen. Auf solchem Weg gelangte ich nach Mexico City.

Drei Wochen Haltstelle in Mexikos Hauptstadt; erst Hotellogis, dann schwelgerische Unterkunft im kleinen russischen Gesandtschaftspalais; wenig Hoffnung aufs angestrebte USA-Einreisevisum; schwierige Akklimatisierung. All das erfährt man aus *Entdeckung* und den Briefen. *Ich hab in die falsche Jahreszeit hergefunden (Saison ist winters); regelmäßig regnets den halben Tag, die Nächte kalt, ein widerwärtiges Klima, weils 2400 Meter überm Meeresspiegel liegt; drum scheußliche Atembeschwerden (wies heißt, die ersten zwei Wochen) und Herzklopfen, was schon ganz übel ist ... Stadt Mexiko ist plump und unbehaglich, schmutzig und maßlos fad ... Demnächst fahre ich mit dem Gesandtschaftssekretär ins mexikanische Binnenland, in die Tropenwälder; schlimm ists nur, daß dort gelbes Fieber grassiert; man wird sich offenbar auf Bahnfahrt beschränken müssen.* Zu der geplanten Exkursion kam es nicht, denn wider Erwarten traf die USA-Einreiseerlaubnis ein.

Ich verlasse Mexiko ungern. Der Poet hat Land und Leute allmählich lieben gelernt; er ist gerührt von Zügen einer echten Gastfreundschaft des Volkes, eines herzlichen Entgegenkommens; ihn berührt das Elend der Bodenständigen; er geißelt die Sitten und Gebräuche der Oberschicht (Gedicht *Liturgisch*); ihn wundert die Partnerschaft zwischen Vornehmen und Habenichtsen in der Stierkampfarena, wo er entschieden für die Stiere Partei ergreift: er will *höchste Freude* empfunden haben, als ein Bulle *es fertigbrachte,* einem seiner Peiniger *die Hörner zwischen die menschlichen Rippen zu stoßen.* Diesen Abscheu vor der grausamen Volksbelustigung, der ihm sogar (zum Unterschied von Tucholsky) den ironischen Witz verschlägt, kann er nicht stark genug formulieren: *Bedaure, daß es unausführbar war, zwischen den Hörnern des Bullen ein Maschinengewehr anzubringen und ihn zum Feuern abzurichten. Warum eine solche Menschheit bemitleiden! Was mich mit Stierkampf aussöhnen könnte, ist die Tatsache, daß auch der spanische König dagegen ist.* Majakowskis Tierliebe bewirkte, daß seine Reisebriefe immer wieder Begegnungen mit Vierbeinern schildern. Auch Poeten lernt er kennen; leider produzieren sie *fast nur Stimmungssachen, Sachen voll Wollust, Geseufze und Geflüster, und von ihren Geliebten sagen sie. «como león nubio» (wie ein nubischer Löwe).* Keine ernsthafte Leistung, bloß *schöne menschliche Pose.* Kein Honorar wert. Besser behagen Majakowski die Lieder-Flugblätter mit populären Weisen, die auf Mexikos Märkten für Groschen zu haben sind. Dieses Verfahren empfiehlt er sogar den Sowjetdichtern zur Nachahmung, an Stelle von *dickbändigen akademischen Anthologien auf feinem Papier zum Preise von fünf Rubeln.* Er will jedes Mittel begrüßen, das den Schatz der Dichtung zur universellen Volkssache machen hilft.

Majakowski in Mexico City, 1925

Der Augenblick ist da: auf nachdenkliche Art, in aufmerksamen Schlußfolgerungen erinnert sich der Poet seiner aufwühlenden Bordgespräche mit Auswanderern aus Europa; nicht die treibenden Seeschwämme und Fliegenden Fische, sondern die Zwischendeckpassagiere waren Majakowskis ozeanisches Grunderlebnis. Die Dreiklassen-Sozietät, die Zerrissenheit eines illusorischen, weil in Besitzkategorien und Sozialkasten geteilten, zwar blind zusammengewürfelten, aber säuberlich durch Scheidewände getrennten Menschenhaufens zwischen Elementargewalten, Himmel und Meeresgrund – dies wollte poetisch bewältigt werden. Hinzu kam die reale Begegnung mit den von jeder Integration ausgeschlossenen «Farbigen»: Negern, Negritos, Mulatten, Indios, Mestizen, die dem Zufall ihrer jeweiligen Rassenzugehörigkeit einen erblichen Minderwertigkeitsstatus verdanken – zwischen genereller Versklavung und partieller Scheinzugehörigkeit zur bürgerlichen Ordnung schwankend. In der Oberkaste dieser auf dem Meer schwimmenden Gleichnisse, in der ersten Schiffsklasse, registrierte der Poet: *Kaufleute, Hut- und Kragenfabrikanten, große Tiere der Kunst sowie Klosterfrauen.* In dem Halbdutzend Nonnen erfaßte er ein Satirenthema, besang *ein sechsstieliges Knollengewächs* (kein Freidenker ersänne eine *gottlosere Karikatur*). Die *zweit-klassigen* Fahrgäste manifestieren sich als *kleine Handlungsreisende, Anfänger der Künste und auf der «Remington» klappernde Kopfarbeiter.* Und der Bodensatz? Die dritte Klasse? Enterbtes, ausgesperrtes Lohngesinde, das nichts zu verlieren, möglichenfalls einen Job zu gewinnen hat und drauf aus ist, seine Hände zu vermieten, einerlei ob sie weißhäutig sind oder andersfarben. In Havanna hat der Kapitän nur den Erstklassigen und etlichen Zweitklassigen erlaubt, das Schiff zu verlassen (Majakowski war darunter); die Plebejer wurden in ihren Pferch zurückgetrieben. In dem damals USA-kolonialen Havanna auf Kuba drängte sich dem Poeten in sinnfälliger Weise die Evidenz auf: wessen das Himmelreich auf Erden und wessen das Los ist, sich in Spirituals zu trösten: selig sind, die Verfolgung leiden. Grauenhaftes Elend dicht neben märchenhaftem Reichtum. *Welche Pracht auf Havanna der Sommertag hingoß! / Ein Wunschland, wahrhaftig, ein Dorado. / Im Palmenschatten storchbeinig Flamingos. / Collarios blühn im reichen Vedado. / Auf Havanna ist alles sortiert und erlesen: / dem Weißen die Dollars, dem Schwarzen der Stock* – wie die Ballade *Black and White* es sagt. Das Amerikabuch spricht: *Und im Zentrum der Glücksgüterfülle: der amerikanische Klub, der zehnstöckige «Ford, Clay and Bock» – erstmaliger Augenschein von der USA-Herrschaft über all die drei Erdteile: Nord-, Süd-, Zentralamerika.* Für Majakowski, den neurussischen «grashdanin», das heißt «citoyen», mit des sozialistischen Oktobers Bürgerstolz und Bürgertugend im Herzen, für den Realist-Gewordenen, gab es an dem Amerika von 1925 noch allerlei zu entdecken. Kühn hat er voreinst seinen mehr schematischen als typischen Volkshelden Iwan (im Bylinen-Folklore-Ton der *150 Millionen*) ausgesandt gegen den Weltteil der Babbitts, der

Ku-Klux-Klans, der Rassenverfolger und Lynchterroristen, der Fleischkonservenkönige und Petroleummagnaten. Doch dieser ideelle Feldzug, obschon für 1919/20 zielstrebig und folgerichtig, war noch keine realistische Abrechnung mit dem Dollarimperialismus von 1925 in seiner konkreten Gestalt der Zwischenkriegszeit gewesen, noch nicht die majakowskische, poetisch vollendete Auseinandersetzung, wie sie neuen Einsichten der «Stabilisierungsära» entsprach.

Wiewohl der Dichter nun das USA-Visum in der Tasche hat, ist diese Reise für ihn gewagt und ungewiß wie einst für Kolumbus. Zunächst tut er gut daran, etliche politisch «verfängliche» Stellen aus der Taschenbuch-Niederschrift dreier Atlantikgedichte (*Sechs Nonnen, Black and White* und *Mexiko*) zu tilgen; ebenso macht er die Schlußzeilen im *Christophor* unleserlich: *Kolumbus, verzeih – du warst Narr unter Räubern* sowie das *Zudecken* und *Wiederentdecken* Amerikas. Majakowski will beim Grenzübertritt nichts riskieren. Die Vorsicht erwies sich als sehr gerechtfertigt. Das US-Department of Labor (Immigration-Service) hat ihm dann ein Zertifikat ausgestellt: «Mayakovsky Vladimir, 30 Jahre, männlich, Künstler, 6 Fuß hoch, starker Körperbau, braunhaarig, Augen kastanienfarben, Nationalität russisch, Rasse russisch, geboren zu Bagdad, wohnhaft in Moskau, schriftkundig, Sprachen: russisch, französisch, hat 500 Dollar Kaution erlegt, ist im Besitz von 637 Dollar für 6 Monate Lebensunterhalt, kann ab 27. Juli 1925 in die USA einreisen. Der Immigrations-Inspektor (Chairman D. J. Monchin).» – Des Visums ungeachtet wurde Majakowski in der Grenzstation Laredo am Rio Grande, Texas, aus undurchsichtigen Gründen beanstandet, strengem Verhör unterzogen, bis es hieß: «Zur Kommission!» Der Dichter schildert den Hergang: *Ein Gentleman, der bislang sich als Zivilpassagier gebärdet hat, setzt nun Uniformmütze auf, entpuppt sich als Einwanderungspolizist; er packt mich und mein Gepäck in ein Auto. Fahren los, treten in ein Haus, wo unterm Sternenbanner ein Mann ohne Jacke und Weste sitzt. Dahinter Kammern mit Gittern. In eine werde ich samt Sachen verstaut. Ich will raus; mit Sammetpfötchen staucht man mich rück. Nebenan pfeift mir mein New Yorker Zug zu. Sitze vier Stunden da.* Majakowski hat als Volkszugehörigkeit «Großrusse» angegeben: ein außer Kurs gesetzter ethnischer Begriff, zum Unterschied von den Ukrainern, die man als «Kleinrussen» bezeichnete. Aber ein «Großrusse», der in Mexiko ums USA-Visum ansucht, war 1925 alarmierend ungewöhnlich. Endlich hat man einen Russen aufgetrieben, der dolmetschen soll: *ein hagerer, phlegmatischer Jude, Inhaber einer Möbelhandlung.* Hunderte Ermittlungsfragen. *Der Dolmetscher erwies sich als einflußreicher Mann; und als ich mich endlich in Muttersprache auslassen konnte, gefiel ich ihm selbstverständlich. Kurz – man ließ mich herein ins Land;* als Touristen unter Pfandbürgschaft. Der Einflußreiche mußte in Laredo rasch ausgestreut haben, ein Russe sei

Bild auf der folgenden Doppelseite: New York

eingetroffen, denn sogleich sind hier eingewanderte Landsleute zur Stelle, ein Hauf Menschen, den des Zarenreichs Judenpogrome und Wirtschaftselend, auch Abenteuerlust, Goldfieber, Romantik, über den Atlantik getrieben. Majakowski lernt Gastfreundschaft und bunte Lebensläufe kennen. Eine Nacht im dahinsausenden Pullmanwagen, dann Ebenen, Prärien, Arkansas, der Mississippi bei St. Louis, Indiana, Ohio, Pennsylvania. Der Expreß braucht Tage, um die Zehnmillionenstadt an der Hudsonmündung zu erreichen. Dem an die Wegstrecken russischer Weite Gewöhnten imponiert die Entfernung und Fahrtdauer weit weniger als etliches andere: Qualität des Schienenwegs, der Straßen, Autoverkehrsdichte, Elektrifizierung, Mechanisierung. Dann die aufregende Getösewirkung New Yorks; er betritt ultimo Juli die Weltstadt, wo *man tatsächlich (im Lärm) kein Wort heraushört; um die Lippenbewegung nicht zu verlernen, bleibt nichts übrig als den amerikanischen Priem, den «chewing gum», zu kauen*. Kaum im Hotel angelangt, stürzt er ans Telefon, ruft David Burljuk an: «*Hier Majakowski.*» – «*Willkommen Wolodja, na, wie geht's?*» – «*Danke. In den letzten zehn Jahren hatte ich einmal Schnupfen ...*» Von dieser Begegnung alter Freunde nach langer Trennung hat der Dichter später Elsa Triolet eine lebhafte Schilderung geliefert. Burljuk erleichterte dem Gast die Erschließung des Geheimnisses Amerika, die Berührung mit dem Make-money-Milieu, mit der «Way-of-life» genannten damaligen Daseinskonfektion, mit dem Straßenleben der Monsterstadt und deren bizarren Widersprüchen. Wie der Pfeil vom Bogen schnellt, vollendete sich stracks des Poeten richtiges, schon mitgebrachtes Gesamtbild. Das Gesicht des Broadway, diese kurios-visionäre Supra-Gegenständlichkeit, gibt Stoff und Anlaß zu Versen: *Asphalt – wie Glas. Keine Spur von Grün. / Kein Wald, kein Gras. Keine Sonne siehts. / Von Süden nach Norden ziehn Avenuen, / von Westen nach Osten Streets. / Dazwischen (wohin sich Gebäude verirrn!) – / manch ein Bandwurm von Häuserfront. / Die einen Häuser starrn ins Gestirn, / die andern kratzen den Mond*. Der Poet findet New York staunenswert, aber nicht bewundernswürdig: was ihn abstößt, ist die fetischhafte Umkehrung der technoromantisch ausschreitenden Sachwelt: aus der gehorchenden in die gebietende Funktion. Die von Menschen bekundete Willenstätigkeit ist nur scheinbarer Natur, meist ein Dahinlaufen im Gleis von Einordnung und Unterwerfung, die von blinden Zwangsläufigkeiten des Obergottes «Ökonomik» regiert werden. Die entfesselte Maschinerie steht zu Häupten des gefesselten Menschen. Die Nation unterliegt dem Werktags-Gezeitenwechsel. Es gibt *Menschen-Flut* und *Menschen-Ebbe*. Der Poet sieht Betäubung: *Mechaniken knirschen, klirren und haun, / der Mensch verstummt im Gedonner*. Hernach: *Schon streikt dir Netzhaut und Trommelfell. / Da pulverts dich auf, als ob / eine Pauke donnerte: «Coffee Maxwell – / good to the last drop!»* Des Dichters früherer Futuristenkumpan Burljuk hat gestrige Vergleichsmaßstäbe; Majakowski aber lebt zwei Wochen in hitzigen Gegenüberstellungen. Der Strom von

Eindrücken reißt ihn nicht um; alles wird sogleich zergliedert, bewertet, eingeordnet. Ganz sinnfällig und verständlich stellen sich dar: Existenzen, Chancen, Entwicklungen, Anschein und Wesen – dank sondierender Anwendung des ökonomischen Determinismus; der ist Majakowskis untrügliches Rüstzeug. Er identifiziert eine längst nicht mehr «neue» Welt, ein Land von längst nicht mehr «unbegrenzten» Möglichkeiten. Er eilt straßauf Fabriksklaven und Bürokulis nach, studiert ihren Gang, ihre Unrast, ihre Gestikulation und alle Züge des Verhaltens, die einen Rückschluß auf die Gesittung erlauben. Er besucht den Vergnügungspark von Coney Island, diesen Lunapark der Yankees, wird vom erstbesten Schießbudenbesitzer tüchtig übers Ohr gehauen. *Hier sieht man ... für einen Groschen gemietete hungrige Frauen, die jemand in einen Kasten tut, um an ihnen das glatte Durchbohren mit Degen vorzuführen; andere setzt man auf einen Stuhl mit Hebeln und elektrisiert sie, bis aus ihnen bei Berührung Funken heraussprühen. Nirgendwoanders habe ich erlebt, daß derlei Gemeinheit solch ein Vergnügen hervorgerufen hätte.* Er ist entsetzt über diese Kurzweil und Lustbarkeit merkantiler Selbsterniedrigung. Traurige, dürftige Festtafel fürs Volk. Erst in der Augustmitte geht der empfängliche Beobachter dazu über, selbst literarisch hervorzutreten. Über diese interessante Seite der USA-Reise liegen keine Briefe vor, auch keine Darstellung im Skizzenbuch *Meine Entdeckung*. Was man darüber weiß, stammt aus amerikanischen Zeitungen; sie publizierten ziemlich ausführliche Berichte über Majakowskis Darbietungen. Am 14. August 1925 fand sein erster Vortragsabend im New Yorker Central Opera House statt; zweitausend Zuhörer. Die Begrüßungsredner, die die Veranstaltung im Namen verschiedener linksgerichteter Organisationen und Emigrantenvereine eröffnen, nennen Majakowski (laut Presseberichten): «Recke der neuen Sowjetpoesie», «Sänger der Massen» und «Titan der russischen Literatur» ... Die in New York russisch erscheinende Einwandererzeitung «Nowyj Mir» wußte zu berichten: «... Und nun – er selber, Majakowski, da stand er! Einfach und groß wie das Sowjetland. Riesenwuchs, kräftige Schultern, unauffälliger Anzug, kurzgeschorener mächtiger Kopf ... Er steht wartend, bis der Begrüßungsapplaus verstummt. Schon scheint die Huldigung abzuebben, da, völlig unerwartet, erfolgt ein neuer Ausbruch des Rufens und Händeklatschens, das Publikum springt von den Sitzen auf. Da fliegen Hüte, Hände winken, Taschentücher schwingen. Kein Ende dieser Ovation abzusehen! ... Der Saal beruhigt sich. Jetzt herrscht tiefstes Schweigen. Und jetzt, wie ein Gewitterschlag, ertönt Majakowskis Stimme. So muß der Aufbruch des Arbeitervolks im Oktober 17 selbst gedonnert haben ...» Der Gast sprach Gedichte, auch Bruchstücke des Lenin-Poems. Das Auditorium raste. Die Zeitungsberichte ergingen sich in Superlativen: «Dieser Abend wird uns lange in Erinnerung bleiben!» Ein anderes Blatt: «Das glanzvolle New Yorker Debüt des poetischen Sendboten der proletarischen Republik Rußland war im vollen Sinn ein historisches ...»

Majakowski in den USA

Im August/September kamen New Yorker Zeitungen öfters auf Majakowski zu sprechen, auf sein Schaffen, seine Reisen, seine Pläne. Auch großbürgerliche Stimmen ließen sich hören. Die «New York Times» meinte: «Majakowski vereint in sich all die widerspruchsvollen Züge, die den Russen so kompliziert und so bezaubernd machen: aufrührerischen Romantismus, wissenschaftliche Phantastik, Wagemut ... Er entnahm der russischen Revolution das Beste und machte den Kampfruf des befreiten Menschen zum Symbol des Glaubens, des Machtbewußtseins und der Seelenerhebung.» Die «New York Herald Tribune» fand: «Seine Kraft liegt darin, daß er seinen Versen lebendig-brühwarme Themen zugrunde legt und diesen eine allgemeine Bedeutung beizumessen versteht. Seine Genialität unterliegt keinem Zweifel. Sie wurzelt in seinem Wesen.» Majakowskis zweiter New Yorker Literaturabend fand – erst am 10. September – gleichfalls im Central Opera House statt, wiewohl dieses Gebäude dank den Raummaßen und wegen des in Saalnähe abrollenden Hochbahnlärms allzu hohe Anforderungen an des Rezitators Stimmkraft stellte. *Drei Polter-«Trains» hab ich schon überbrüllt*, schrie Majakowski lachend in den Saal, *jetzt kollert, zum Satan, der vierte ran!* Das Publikum toste vor Vergnügen. Diesmal widmete der Poet seine zweistündige Fühlung mit zweitausend New Yorkern hauptsächlich dem Lenin-Poem, trug daraus eindringlich, auswendig, ganze Kapitel vor; überaus stark wirkte der Abschnitt von des toten Lenin Aufbahrung und Beisetzung, dann der triumphale Ausklang. «Die Hörer waren buchstäblich hynotisiert», schrieb hernach «Russkij Golos», New York; «zuletzt beantwortete der Gast Fragezettel, die freilich mehr politischen als literarischen Inhalts waren.»

Diese Bemerkung kennzeichnet fast sämtliche Auslandsveranstaltungen Majakowskis: in allen Ländern wiederholte sich solch außerliterarisches Reagieren. Zwei Tage darauf trat er in Coney Island auf einem Abend der jüdischen Gesellschaft «Ikor» mit Rezitationen hervor; desgleichen am 19. September im Wochenendlager Unity Cooperativ Camp (Pickskill). Am 25. hielt er in der New Yorker Webster Hall einen Vortrag «Dichtkunst und Tonkunst»; am nächsten Tag sprach er in der jüdischen Sommersiedlung Camp «Nit Gedaige» (Unverzagt), und hier entstand eines der wirkungsvollsten USA-Gedichte: ... *Sirenen heulen und verstummen auf dem Hudson. / Als lösten sie die Frage: schrein oder nicht schrein? / Lieber nicht schrein. Die Fahrgäste auf Liegeplätzen / wolln sich dem Schlafen, Denken, Essen, Lieben weihn. / Dicht vor der Nase breitet Ewigkeit ihr Blendwerk: / den Pfauenschweif der Stunden ohne Rand ... / Ach, alle Menschen hätten Wäsche und Gewänder, / webte die Zeit statt Stunden – Leinewand. / O spannte man die Zeit in Transmission: Treibriemen! / Statt Leerlaufs triebe sie Geweb, Geroll, Gewetz! / Auf daß nicht Uhrenzeiger Zeit bestimmen, / sondern die Zeit Triebwerke in Bewegung setz!*

Am 29. finden wir Majakowski in Cleveland, Ohio, wo er im Saal Carpenter liest und spricht, tags darauf in Detroit, Michigan, wo er im House of Masses auftritt; zwei Tage später jubelt ihm ein bewegtes Auditorium in Chicago zu, in der überfüllten Temple Hall. Die Tournee kommt in Schwung: am 4. Oktober wieder in New York, Abendveranstaltung im Yorkville Casino, am 5. in Philadelphia, im Eagles Palace-Saal, am 16. zum sechstenmal in New York, Saal des Park Palace (für die russische Arbeiter-Literaturvereinigung «Der Stichel»), am 17. in Pittsburgh, Kansas, im Haus der Russischen Technischen Gesellschaft, am 18. wieder in Detroit, gleichfalls im House of Masses, am 20. abermals in Chicago, in der Schoenhofen Hall, am 23. neuerdings in Philadelphia, im Eagles Temple; am 25. schließlich findet unter beispiellosem Dankjubel des überfüllten Yorkville Casinos zu New York der Abschiedsabend statt. Völlig verändertes Programm: Festansprache David Burljuks, Dankreden der Arbeiterredakteure Olgin, Radwanski und Schalom Epstein, zugleich dem Thema «Literarisches Neuerertum und Majakowski» gewidmet; dann charakterisiert Majakowski selbst «Dichter der UdSSR», und zwar Assejew, Kamenskij, Krutschenych, Pasternak, Selwinski, Kirsanow, Tretjakow; danach trägt er Bruchstücke aus *Mysterium buffo*, aus dem Poem *Der Mensch* vor, des weiteren fünf Gedichte auf Wunsch des Publikums; den Abschluß bildet, wie immer, Fragenbeantwortung und Meinungsaustausch. Schon etliche Tage zuvor hatte im Restaurant Little Snow-white die russisch-revolutionäre Schriftsteller- und Journalistenjugend ein Festessen gegeben, bei dem Majakowski, dem die Zusammenkunft galt, das Wort ergriff. Als er nach alldem am 28. Oktober 1925 an Bord des französischen Passagierdampfers «Rochambeau» langsam aus dem New Yorker Hafen hinausschaukelte, hinterließ er in der Metropole, die Maxim Gorki einst «Stadt des gelben Teufels» genannt, ein Heer von Freunden, Bewunderern, Geistesgefährten. Vier Monate hatte Rußlands Dichtertribun auf dem Antipoden-Kontinent zugebracht, scharf wahrnehmend, bedächtig aufzeichnend, den Kopf voller Vergleiche, Unterscheidungen, Kontraste. Er ließ sich nichts vorgaukeln. Er war gewohnt und geübt, die Andersheit durch kontrastierende Sinngebung zu bewältigen. Amerika ist zu seinem entscheidenden Auslandserlebnis geworden. Es brachte die Fülle lyrischer und kritischer Weltstudien ein: das Gedichtbuch *Spanien, Havanna, Mexiko, Amerika*, das Prosabuch *Entdeckung*. Drei Wochen verstrichen im damals halbkolonialen Mexiko; drei Monate in «Gottes eignem Land» USA, dem Inbegriff und Vorbild kapitalistischer Hochzivilisation. Sein tief aus zeichnerisch-sinnlicher Wahrnehmung gespeistes, feinnerviges Erinnerungsvermögen trug (wie einen kontinuierlichen Filmstreifen) den Bilderbogen heim: Hafenimpressionen, Broadway, Wolkenkratzer, Wall Street, schwarzes Harlem, Dollarschecks, Kaugummi, Eiskrem, kreisende Streikposten, Businessvermittler, Gangster, Boxer, Baptisten, Laienprediger, schwarze Pfarrer, Chicagos Industriegiganten, Schlachthöfe, Detroits Cadillac-, Packard- und Dodge-Werke, endlich den Bannkreis Henry Fords. Über allem: die Brooklyn-Brücke, pathetisch und tragisch. Nun kannte er's persönlich: «cleverness»-Gesittung, «boss»-Typen, «hard boiled»-Naturelle. All das platterdings unrussisch, dem Poeten Majakowski schlechthin antipathisch. Carl Sandburgs visionäre Vorstellung des brauchbar Tauglichen, arglos Ausschreitenden, dummdreist Eklatanten lehnte er ab, nannte es *unwahr und unähnlich.* Sandburgs Chicago-Vision enttäuschte, empörte ihn. Diese Stadt indifferent als «Schweineschlächter der Welt, Instrumentenmacher, Getreidespeicher, eisenbahnspielenden Schauermann des Landes, ungestümen, grölenden Raufbold» zu verherrlichen, sei Lüge, Blindheit, Unsinn. Hatte Rilke als Anwalt des patiniert Abendländischen die amerikanischen «Lebens-Attrappen» verabscheut, so verwirft sie Majakowski als der Fürsprech und Vorkämpfer einer neuen Daseinsformung und höheren Ordnung kommender Dinge. Hellseherisch schreibt er 1925, die USA würden vielleicht *die letzten bewaffneten Verfechter der hoffnungslosen bourgeoisen Sache sein.* Die Reise um die Welt war nicht realisiert. *Sogar die Fahrt nach San Francisco (zu einem Vortrag eingeladen) kam nicht zustande.* Ursache: weniger der Geldmangel als das Heimweh. Es zog ihn *Hals über Kopf nach der UdSSR zurück.* Die russische und die jüdische Sektion der Arbeiterpartei Amerikas, die seine Tournee gut organisiert hatten, ebenso die amerikanischen Redaktionen, die öfters Gedichte Majakowskis abdruckten («Nowyj Mir», «Freiheit», «Daily Worker» u. a.), auch der New Yorker russische Verlag, der drei kleine Gedichtbücher von ihm, illustriert von Burljuk, rasch herausgebracht hatte, sie alle wären gern bereit gewesen, seinen Aufenthalt in den USA zu verlängern. Es trieb ihn heim, in jenes schwierigere, mühseligere, aber für ihn so vertraute, reiche, menschlich echte Leben, dem zu Ehren er die Schlußverse von *Broadway* geformt hatte: *Ich finde New York immer staunenswürdiger. / Doch sag ich durchaus noch lang nicht «Hut ab!» / Uns beseelt der sowjetische Stolz: auf die Bürger / blicken wir von oben herab.* Den gleichen Geist atmen Gedichte wie *Das Fräulein und Woolworth, Wolkenkratzer im Längsschnitt (Ich schaue mich um,*

David Burljuk. Zeichnung von Majakowski, 1925

da erfaßt mich ein Zorn, / ich fluch diesen Turm-Labyrinthen. / Ich strebte siebentausend Werst nach vorn – / und gelangte sieben Jahr nach hinten), Ein anständiger Bürger (Scheinheilig im Heiligenschein, mit der Fackel, / die schützende Hand über Falschmünzer steilend, / ragt ihre Freiheit, schon abgetakelt, / überm Gefängnis von Ellis Island), das Indianergedicht *Ich bin Zeuge*, endlich die krönende *Brooklyn-Brücke*, dies kleine Meisterwerk poetischer Dialektik. Wahrhaftig weißglühend vor Wut gebärdeten sich die «weißgardistischen» Grüppchen der russischen Emigration in Amerika, die auch ihre Blätter hatten («Russkij Wjestnik», «Rasswjet» u. a.); dieser Typus von «Landsmann», von dem Majakowski meinte: *bei solchem Vierfüßler weiß man die Schnauze nie vom Schwanze zu unterscheiden*, spie Gift und Galle über den streitbaren Genius von Zeitgedichten wie *Camp «Nit gedaige»* oder *Herausforderung*: *Ich kam angekarrt mit Verbrüderungs-Reimen, / dies Land mit Ideen zu spicken; / die könnt ihr weder öffentlich noch im geheimen / festnehmen, aussiedeln, verschicken. / Der Idee folgt das Wort, dem Wort folgt die Tat, / und sieh einst: von jenes Hochhauses Bord – / geschaukelt, geschleudert, fliegt der Magnat / aufs Pflaster – ob Rockefeller, ob Ford* ... An Bord der «Rochambeau» entstand das bemerkenswert programmatische Gedicht *Nach Hause*: ... *Der Prolet kommt zur Partei in aufsteigender Richtung – / wo er Kohle baut, wo er mäht, wo er schippt; / ich warf mich in den Kommunismus aus den Himmeln der Dichtung / weils für mich ohne ihn keine Liebe gibt*. Dies kleine lyrische Manifest, erst daheim vollendet, enthält die berühmtgewordene, vieldiskutierte Stelle: *Ich will – meine Feder ins Waffenverzeichnis! / Bajonett und Feder – so laute das Gleichnis! / Neben das Roheisen, neben den Stahl hin / trete das Wort, zum Vers verdichtet!*

Nun war Le Havre erreicht; der Zug rollt durch die Normandie. *Im Vergleich mit Amerika – dürftige Hütten. Jede Handbreit Erde jahrhundertelang erkämpft, jahrhundertelang aufgebraucht und mit apothekerhafter Kleinarbeit ausgewertet für Veilchen- oder Salatbeete. Doch sogar dies verächtliche Sichanklammern ans Häuschen, ans Garten-Parzellchen, ans kleinliche Besitzgehege, sogar dies jahrhundertelang Umsorgte, erschien mir jetzt als unwahrscheinliche Kulturerrungenschaft im Vergleich mit der Biwak-Formation, mit dem raffgierigen Charakter des amerikanischen Lebensstils*. Entlarvt, entblättert, bloßgestellt präsentierte sich vorm Scharfblick des Poeten die im Voroktober-Rußland so weidlich gerühmte amerikanische Sachlichkeit, Unternehmungslust, kaltblütige Tollkühnheit, Abkehr von Vorurteilen, Neuerungssucht und Jack-London-mäßige Geld-und-Gut-Verachtung. All das hatte sich als vermeintlich und vorgeblich erwiesen. *Nimm ein gigantisches Haus in New York, / knöpf es mal auf von unten bis oben: / vermuffte Kammern wie Hohlräum im Kork, / ganz – unser Krähwinkel, lang vorm Oktober*. Er nennt zum Gleichnis zwei früher einmal rückständige altrussische Provinznester: Jelez und Konotop. Die USA-Prosperity-Periode des Präsidenten Calvin Coolidge blickte von der Höhe der Brooklyn-Brücke in den Abgrund kommender Krisen hinab. *Hier bettete das Leben die Einen auf Rosen, / die Anderen hielt es hungrig und knapp. / Von hier aus stürzten sich die Arbeitslosen / kopfüber in den Hudson hinab.* Majakowskis starke Individualität bewahrte ihn vor Archaismen, literarischen Rezidiven, künstlichen Stilisierungen: in Frankreich schrieb er keine Chansons noch Sonette, in Mexiko keine Romanzen, in den USA keine Walt Whitmanschen freien Rhythmen (wiewohl ihm die «Leaves of Grass» nahegingen und Whitman selbst in *150 Millionen* zwischen Lincoln und Edison rangiert). Anders als etwa ein Nachfahre wie Andrej Wosnessenski, blieb Majakowski überall und zu allen Zeiten immun gegen Exotik, unechte Töne, Übersee-Affekte, faulen Zivilisationszauber, falsche Fremd-

Plakat zu einem Vortragsabend Majakowskis nach seiner Rückkehr aus Amerika. Moskau, Dezember 1925

Majakowski und Ossip Brick. Moskau, 1926

landromantik. Nie vergaß er das soziale «Aber» bei aller Bewunderung für Amerikas Technik, Mechanisierungshöhe, Verkehrsmeisterung. Nie verlor er den ideellen Maßstab, das marxistisch geschliffene «Tertium comparationis». Als amerikanischen Grundwiderspruch erkannte er das durch besonders schroffe Klassenteilung bestimmte Phänomen «entfremdeter Arbeit», aus welchem das Übel jener kraß individualistischen, beschränkt-privaten amerikanischen «Konsumgesinnung» hervorgeht. Mit dem «Make money!»-Gruß war ihm auch die «Tempo! Tempo!»-Mentalität zuwider. Tempo als Planfunktion, nicht Werkzweck, hielt er für untergeordnet-selbstverständlich, und 1929, nach Anlauf des Ersten Fünfjahrplans der sowjetischen National-Ökonomik, schrieb er (*Die Amerikaner staunen*):

A. M. Rodtschenko, V. Schklowski und Majakowski. Moskau 1926

... Yankeebürger, bestaunt nur die kommunistischen Gestade! / Im Werk, im Flug, auf Rädern und auf Sohlen / werden wir eure schnellfüßigen berühmten Staaten / einholen und überholen. Humanistisches Pathos mit satirischem Unterfutter charakterisierte sein konstantes Verhalten, in Vers und Prosa, bei Betrachtung und Behandlung der ausländischen Thematik. Wenn von literarischen Einflüssen geredet werden kann, so bestätigen alle Dokumentationen: daß auch in internationaler Arena, bei aller natürlichen Wechselseitigkeit, Majakowski in außergewöhnlichem und vorwiegendem Maße der gebende Teil war und blieb.

Am 7. November liest Majakowski bei der 8-Jahr-Feier der Oktoberrevolution in der Pariser Sowjetbotschaft etliche seiner fertigen Amerika-Gedichte vor; am 12. wiederholt er diese Vorträge im Saal des Pariser Ozeanographischen Instituts auf einem zu seinen Ehren veranstalteten Treffen der in Frankreich studierenden sowjetrussischen Hochschüler. Zwei Tage darauf weilt er in Berlin, von wo er über Riga am 22. in Moskau eintrifft und stante pede einem Reporter der Leningrader «Neuen Abendzeitung» ein Interview gibt: *... Muß bekennen, daß mir keinerlei «rein amerikanisches» Abenteuer im Stile von O. Henry zugestoßen ist, denn so was kostet Geld ... Dafür sind die Gerüchte über meine USA-Erfolge keineswegs übertrieben; ich finde, es ist ein Erfolg, wochenlang Auditorien von anderthalbtausend Personen anzuziehen. Meine Vorträge dürften außer dem literarischen auch einen revolutionären Effekt gehabt haben ... Ob ich den Futurismus abgeschworen hätte? Ebenso könnte man fragen, ob ich von den Leoparden abrücke, um zu den Tigern überzugehn. Ich bin vom Futurismus abgekommen, um die «Lef» weiterzuführen ...* Schon am 6. Dezember eröffnet der Dichter mit einem großangelegten Abend im Moskauer Polytechnischen Museum die Reihe seiner poetischen Amerika-Rechenschaften vor der Öffentlichkeit. Die Wirkung war gewaltig. «Majakowski hat nicht nur Amerika für uns entdeckt, sondern auch ganz neue Wesenszüge in sich selbst», schrieb «Moskau am Abend»; «er ist als Gewandelter heimgekehrt; die USA-Studien haben in dem Poeten Züge des Soziologen, Ökonomisten und Politikers herausgearbeitet ...» In Zeitungen, Zeitschriften (Majakowskis eigenes Journal «Lef» hat 1925 sein Erscheinen eingestellt), auch in mehreren kleineren Buchveröffentlichungen breitet der Dichter nun sein neugewonnenes Amerika-Bild vorm Sowjetleser aus. Dominierende Einsicht: der von Lenin in seinem grundlegenden «Imperialismus»-Buch als «Fäulnisprozeß» (sagniwanije) analysierte Kulturverfall dieser auf kapitalistischer Vorherrschaft fußenden, von Trusts und Monopolen regierten Gesellschaftsordnung sei gekennzeichnet durch optimale Verwertung der Sachenwelt bei maximaler Entwertung der Menschenwelt. So kann die Quintessenz der schöpferischen Ergebnisse von Majakowskis bedeutsamer Überseefahrt kurz und treffend gedeutet werden. Ein dichterisch-kritischer Aufriß der Zwei-Welten-Situation zwischen zwei Weltkriegen war gewonnen. Und kein Poet hat wesentlicher, gültiger, beseelter als Majakowski jenes nun weit zurückliegende Vorfeld neuer Dinge zu schildern vermocht, über welches alsbald unser Zeitalter der Atomkraft heraufziehen sollte.

Mit ihrem überwältigenden Erkenntniswert stellte die Amerika-Fahrt den Ertrag der späteren Auslandsreisen in den Schatten. Da war noch Majakowskis Fahrt in den Frühling 1927 (April-Mai) nach Polen, der Tschechoslowakei, Deutschland, Frankreich, reich an Begegnungen und Veranstaltungen, organisiert von der Unionsgesellschaft für Kulturverbindung mit dem Ausland (WOKS); sodann im Herbst 1928 eine Zweimonatereise nach Deutschland und Frankreich, die am Abend des 5. November im Pariser Montparnassecafé «La Coupole» zu der denkwürdigen Begegnung mit dem bedeutenden (damals surrealistischen) Dichter Louis Aragon führte. Lassen wir Aragon erzählen: «Das war die Minute», schreibt er später in «Pour un réalisme socialiste» (Paris, 1935), «die mein ganzes Leben verändern sollte. Der Poet, den der revolutionäre Wellenkamm emportrug, sollte zum Bindeglied zwischen der Welt und mir werden. Damit schloß sich das erste Glied der Kette, die ich akzeptiere und heut allen zeige; einer Kette, die mich aufs neue mit der äußern Welt verbindet. Gewisse Philosophen lehrten mich, die Welt zu leugnen. Der Poet Wladimir Majakowski lehrte mich: man müsse sich an die Millionen Menschen wenden, an jene, die diese Welt verwandeln wollen.» Mehrere Autorlesungen und ein Besuch des Théâtre de l'Opéra bei einem Ballettabend der Tänzerin Ida Rubinstein (mit Werken von Borodin, Rimsky-Korssakow und Strawinsky) bereicherten diesen Pariser Aufenthalt. Die letzte, zweieinhalbmonatige Auslandstournee, von Mitte Februar bis Anfang Mai 1929, führte den Dichter nach Prag, Berlin, Paris, Nizza und Monte Carlo. Von Majakowskis zehn Berliner Tagen in der zweiten Februarhälfte haben wir Kunde dank Aufzeichnungen des Schriftstellers Franz Carl Weiskopf. Der Gast tauchte unverhofft in Weiskopfs Reineckendorfer Wohnung auf, fand sie sehr günstig gelegen *für einen Dichter, der über Berlin schreiben wollte – weil man da die Zwiespältigkeit dieser Stadt so greifbar vor Augen* hatte, *links den roten Wedding, rechts den schwarz-weiß-roten Pankower Bürgerpark;* Weiskopf schildert Majakowskis Entdeckungstouren durch Berlins Arbeiterviertel, seine Rundreisen auf der U-Bahn, endlich einen Vortragsabend, der auf des Gastes ausdrücklichen Wunsch *nicht in einem von den mit Literaturparfum geschwängerten Theatersälen der besseren Viertel,* sondern im Arbeitermilieu, auf der Hasenheide, stattfand. Die Zuhörer verstanden zwar nicht russisch, waren aber mitgerissen von Majakowskis dynamischer Persönlichkeit und völlig begeistert, als er abschließend mit tief dröhnender Stimme den *Linken Marsch* vortrug. *Ah, sie haben mich verstanden,* äußerte er danach freudenerregt – *weil sie gemerkt haben, daß ich einer von ihnen bin und mit ihnen teile, was ich habe!* Und setzte aus voller Kehle, sich selbst zitierend, den Schlußakkord: *Euer ist all, was ich schuf mit den Jahren, / euer mein Stoff, meine Stimme, mein Reim!*

Lenin, kurz vor seinem Tode

DER KLASSIKER

Bei aller Großartigkeit der Gesamtanlage hatte sowohl Majakowskis erstes, in Versen abgefaßtes Theaterstück, die revolutionäre Massenrevue *Mysterium buffo*, wie auch das Symbolpoem *150 Millionen* noch als futuristischen Schlackenrest die plakative Schematik, die

Abstraktheit der Personen und Parolen aufgewiesen, Spuren eines Verfahrens, dem nicht das zur Individualgestalt rück-konkretisierte Typische, sondern die generelle Schablone entspringt. Eine Grundthese des dialektischen Materialismus, zu dem Majakowski sich bekannte, lautet: «Wahrheit ist immer konkret.» Schablone kann somit nur halbe Wahrheiten bieten, von denen Lenin sagte: sie seien schlimmer als ganze Unwahrheiten. Das mag Lenin auch bestimmt haben, die *150 Millionen* einmal Lunatscharski gegenüber als «geschraubt» zu tadeln. Auch in dem an «privateste» Sphären rührenden balladisch-lyrischen Poem *Das bewußte Thema* (*Pro eto*), worin das neue Menschentum mit dem alten um die Liebe ringt, walten noch Anklänge an Majakowskis vorrevolutionäre Etappe (etwa der *Wolke in Hosen*): gewissermaßen zum Ausgleich gegen die agitatorische Plakatmalerei und flächige Spruchdichtung der «Rosta»-Fenster kehrt der Poet (unter dem nachhaltenden Eindruck eines überwältigenden Liebeserlebnisses) wiederum das intime Verhängnismotiv einer ewigen Herzens-Tragik hervor, wie herausgehoben aus allen Geschichtsabläufen. Zugleich freilich sieht man ihn geradezu aufklärerisch bemüht, die zurückgebliebene Sexualgesittung aus den Fangarmen des die Revolution bedrohenden Spießertums «der kleinen Erfordernisse» zu befreien. *Thema* knüpft ausdrücklich an das Jugendwerk *Der Mensch* an: wiederum steht das Ich wie *angeschmiedet ans Geländer* auf der Newabrücke überm *Abgrund zwischen Ufern*, steht vermaledeit, sieben Jahre lang: – *Rettet mich!*

Ein das Land und die Welt erschütterndes Geschehnis des Januars 1924 hat den Dichter mit ungeheurer Schockwirkung hochgerissen: Lenins Tod. Vergessen der Rückfall in Werther-Stimmungen! Vorbei auch der Wutanfall grimmigen Lachens, der immer bereitstehende Sarkasmus. Das *Thema* war, vor Jahresfrist, *nach persönlichen Motiven – über die gemeinschaftliche Lebensart* geschrieben worden. Vorm Anblick des im Säulensaal des Gewerkschaftshauses aufgebahrten toten Lenin verstummte die monologische Lyrik. Der lyrische Held Majakowskis hatte bislang schon alles menschliche Leid verkümmerter Zeitläufte verkörpert, doch die Vorausblicke blieben utopisch. Wiederholt war *des Umbruchs blutige Ilias, der hungrigen Jahre Odyssee* angebahnt worden, doch war noch ein Überrest egozentrischer Opfergesinnung zu überwinden, ehe die Stunde des großen Epos anbrach. Jene eisigen Januartage aufgewühlter Trauer waren nur so zu ertragen, daß man in dem großen Hingeschiedenen blitzartig das Eigentliche erkannte: den Volksmann eines neuen Typus, der auch das Staatswesen eines neuen Typus begründet, erstritten, verwirklicht hat. Ich sage: blitzartig, nicht aufdämmernd. So war's. Wohl hatte Majakowski den positiven «Helden unserer Zeit» (eine Lermontovsche Formel!) gesucht! mehr noch: Ausschau gehalten nach dem universalgeschichtlichen Heldentypus, nach einer Charaktergestalt von heroischen Qualitäten, die dem klassenlosen Weltalter angemessen wäre, und in diesem Sinne nach dem Menschenbild der Zukunft. Dabei hatte er immer beharrlicher an die

Gestalt Lenins denken müssen. Jetzt war der Entschluß zwingend: dem Begründer der Sowjetmacht, dem einzigartigen Volksführer und Staatsmann das literarisch dauerhafte Denkmal zu setzen. Nicht als historische Darreichung, sondern zuvörderst als grundlegende Klarstellung überraschender Gegebenheiten: Wer ist dieser einzigartige Mensch gewesen? Denn schon im dumpfen Schweigen der ersten Fassungslosigkeit, die der Tod dieses Mannes wirklich bei ungezählten Millionen herbeigeführt, lag schwer die Frage: Wie war er geworden? Majakowskis Antwort enthielt eine Welt. Und diese Welt hieß als Poem: *Wladimir Iljitsch Lenin.*

Ein entrolltes Stück Weltgeschichte. Fast eine poetische Wiedergabe der Arbeiterbewegung mit Lenins Rolle darin. Diese Zentralfigur stand in solchem Rahmen gar nicht überlebensgroß da (wie etwa Iwan in den *150 Millionen*); der Autor fand jene zugleich kühnen und einfachen Bilder, die den Genius der russischen Revolution konkret Mensch sein lassen, ohne ihm das historisch Erhabene zu nehmen. Darin äußerte sich Neues: die futuristische Zwangsjacke (oder «gelbe Jacke»), die idealistische Verkleidung war abgefallen, endgültig. Majakowskis dynamische Hyperbolik war geblieben, doch ohne das Verstiegene und Überspannte. Jetzt gemahnte sie an die sprachlichen Spielräume und Schwingungsweiten der Gleichnisse bei Ariost, Shakespeare, Rusthaweli, Calderón. Gesichtsfeld und Erlebnissphäre füllten sich mit Realität, emotionalem Lyrismus, epischer Konkretheit. Er will Lenins Nachruhm vor *Strahlengeflecht und Heiligenschein*, vor *breiter Huldigungen förmlichem Statut*, vor der *Kunst der Zuckerbäcker* bewahren. Verhalten, doch energiegeladen, erzählt der Dichter die Lebensgeschichte der Persönlichkeit, auf eindringende, gründliche Art die Triebkräfte von Person und Nation verknüpfend; keine hauchdünne Membrane trennt mehr Individualität von Sozietät. Majakowski hatte sorgsame Vorarbeit geleistet, Lenins Werke durchmessen, mit Leuten aus Lenins engstem Kreis gesprochen und derart das Bildnis auch im monographischen Sinn «ähnlich» geformt. Pathos wird aufgewogen durch Satire: auch hier geht's gegen Imperialisten, Manager des Interventionskriegs draußen, gegen korrupte Heuchler, Spießer, Bürokraten drinnen. Die Genres vom Panegyrischen bis zum Pamphletistischen durchdringen, ergänzen, überschneiden einander. Schon am 21. Oktober 1924 sprach Majakowski die noch unvollendete Dichtung in einer Moskauer Festversammlung; der Erfolg war triumphal. Anfang 1925, zur ersten Wiederkehr des Trauerdatums, lag das Werk abgeschlossen vor, und der Poet veröffentlichte, seinem Brauch getreu, zunächst größere Abschnitte in den Gedächtnisnummern der russischen Tagespresse und rezitierte sie vor breiten Massen. Erst nach dieser Bewährung entschloß er sich zur Buchausgabe dieses seines verantwortungsvollsten Poems. Zum letztenmal las er daraus öffentlich auf der Bühne des Großen Theaters, bei der sechsten Gedächtnisfeier des Moskauer Sowjets, am 21. Januar 1930. In diesem Werk vollends verneinte, vernichtete Majakowski die herkömmlich-banausische Aufteilung

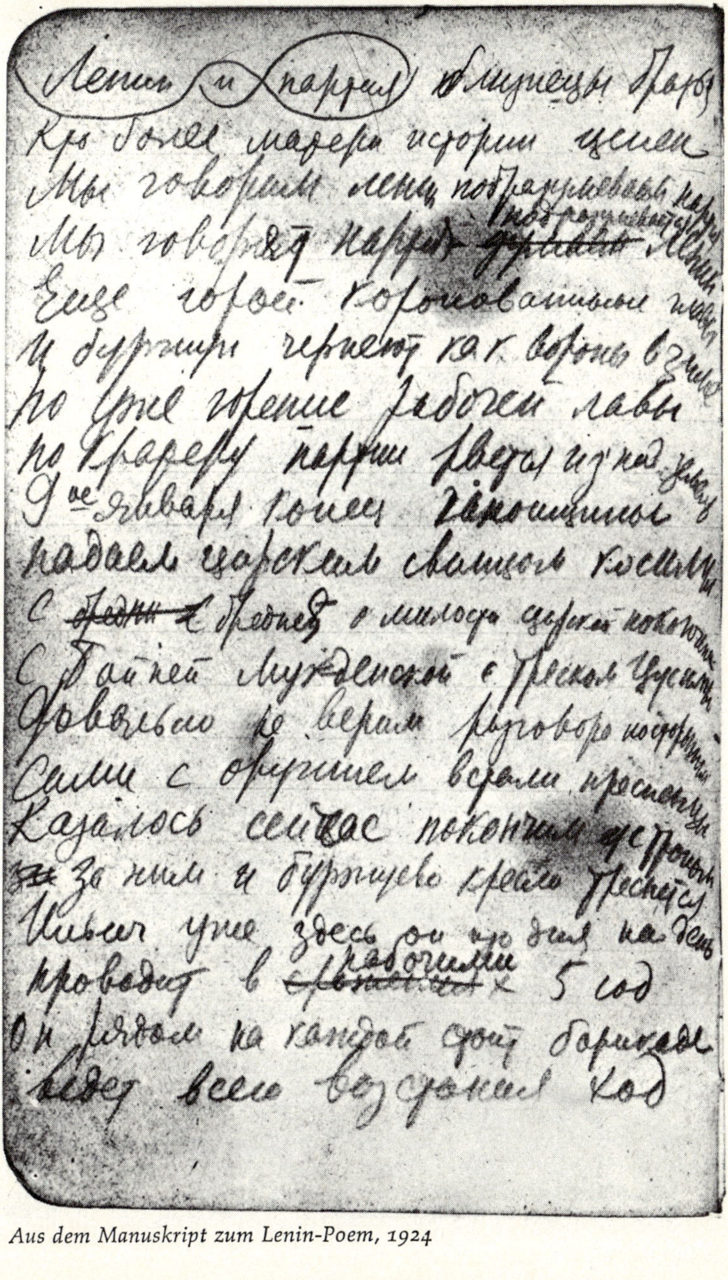

Aus dem Manuskript zum Lenin-Poem, 1924

der Lebens-Fakta und Literatur-Dikta in «poetische» und «nichtpoetische» (auch «prosaische» genannt). Wie sich im Lenin-Poem und hernach in *Gut und Schön* der überlieferte Gegensatz zwischen Epik und Lyrik methodisch als allmählich aufgehoben erwies, so auch der herkömmliche Widerspruch zwischen Publizistik und Belletristik, wenn man will: zwischen empirischer «Presse» und divinatorischer «Muse». Der Dichter verteidigt die errungene Synthese; er unterbricht die Erzählung vom Werdegang der Arbeiterbewegung durch einen trotzigen Exkurs in die literarische Polemik (gegen die ungenannten, doch ortsbekannten Ästheten, besonders Woronski und Polonski): *Einen Lyriker seh ich die Nase rümpfen, / ein Kritiker schwingt schon sein Peitschchen rüstig: / «Keine Seele! Rhetorik!» so hör ich ihn schimpfen. / «Und das nennt sich Dichtung? Das ist Publizistik!» / Das Wort Kapitalismus ist wahrlich kein schönes, / um wieviel schöner klingt – «Nachtigall». / Doch immer aufs neue gebrauche ich jenes – / daß mein Vers wie ein Flugblatt in Lüften wall! / Will als Dichter noch dies und das anfassen; / doch jetzt hat die Zeit kein Geschäker geschafft. / Ich widme dir, attackierende Klasse, / all meine klingende Dichterkraft.* Diese Deklaration gehört, gewissermaßen auf einer Vorstufe, derselben Ordnung an wie die bedeutsame Bekennerpassage im letzten, fragmentarischen Umschau-Poem des Sterbejahrs 1930 *Mit aller Stimmkraft*: ... *Auch mir wächst die Agitpropkunst zum Halse heraus, / auch ich schriebe Goldschnitt und Fliederstrauß, – / das wär was für Scheckbuch und Seele. / Doch ich bezwang mich, trat bebenden Hauchs / dem eigenen Lied auf die Kehle.* Es wäre lächerlich (und trotzdem hat man's versucht), derartige Aufschlüsse Majakowskis als «Stoßseufzer», «kleine Beichten» oder gar als «Unterpfänder halbbewußter Reue» auszudeuten. Schon die Unterstellung, dieser Dichtertribun habe sich erst zu einem Opfer durchringen müssen: um *Nachtigall und Fliederstrauß* bleiben zu lassen, um auf *Goldschnitt*-Ausgaben zu verzichten und das *Scheckbuch* zu vernachlässigen, wäre geradezu läppisch. Das herbe Lenin-Poem mit seinem sozusagen historiographischen Profil, war ganz auf gesellschaftliche Bedeutung und politische Wirkung abgestellt und gekrönt von einer gewaltig-offenbarten Zukunftsvision. Es bleibt schwer zu entscheiden, ob die erzielte Monumentalwirkung des Ganzen mehr diesem epischen Zeitenaufriß oder dem mehr lyrisch abgetönten, dabei doch mit starker Kontur umrissenen Porträtelement zu danken ist. Der kühne Wurf, naturgemäß politisch «engagiert», ist in seiner Art «klassisch» zu nennen, nicht weil er etwa bewährte Überlieferungen fortsetzt, sondern weil er, im Gegenteil, eine grandiose, eben erst beglaubigte Tradition begründet und damit Modellwert hat. Majakowski *empfand mächtige Furcht vor diesem Poem, weil man darin leicht in simple politische Berichtmanier abgleiten konnte* (*Ich selber*). *Der Widerhall beim Arbeiterpublikum erfreute mich und vergewisserte mich in meiner Überzeugung, daß dies Poem notwendig war* – eine Feststellung, die der Poet mit dem zuverlässigen geistigen Gewicht des von Marx geprägten Begriffs «gesellschaft-

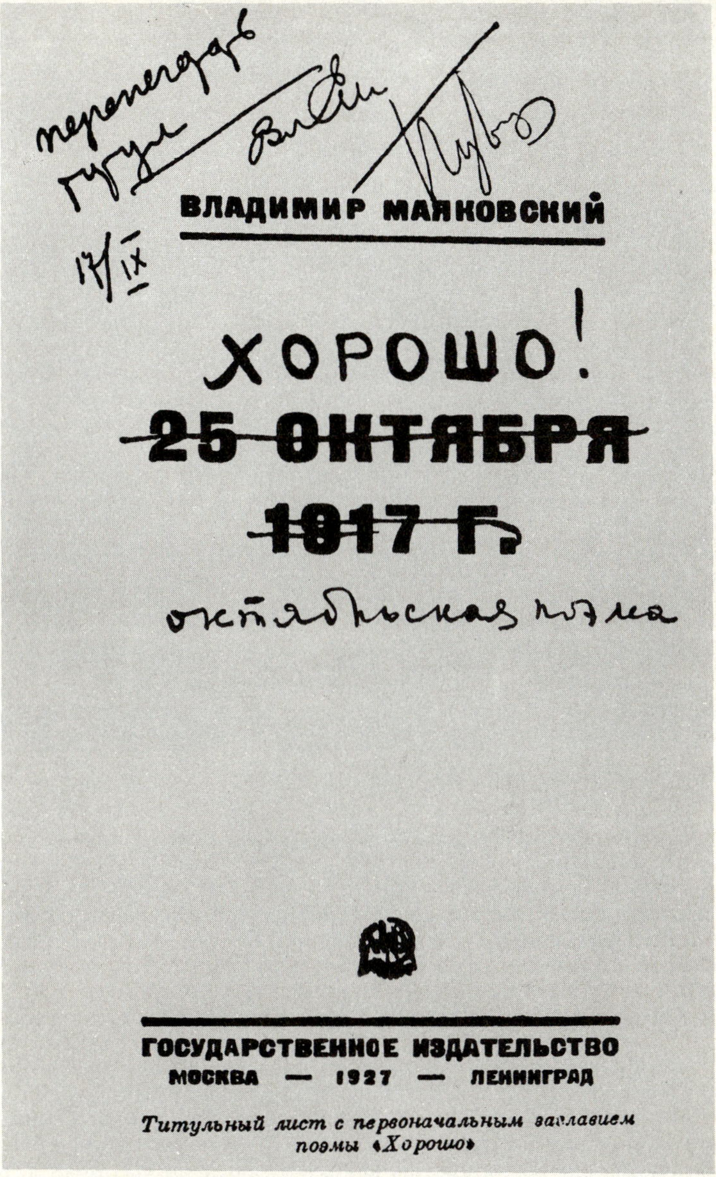

ВЛАДИМИР МАЯКОВСКИЙ

17/IX

ХОРОШО!

~~25 ОКТЯБРЯ~~

~~1917 Г.~~

октябрьская поэма

ГОСУДАРСТВЕННОЕ ИЗДАТЕЛЬСТВО
МОСКВА — 1927 — ЛЕНИНГРАД

Титульный лист с первоначальным заглавием поэмы «Хорошо»

Von Majakowski geändertes Umschlagblatt der Buchausgabe von «Gut und schön». Moskau, 1927

Majakowski unter Theaterleuten. Leningrad, 1927

lich notwendig» ausstattet. Die Klassizität des neuen Poem-Modells erfuhr drei Jahre danach Bestätigung in dem zweiten großen sozialistischen Dichtwerk Majakowskis, entworfen im Zeichen der Zehnjahrfeier des Oktobers: *Gut und Schön* (1927). Diese deutsche Bezeichnung habe ich 1939 bei Übertragung des Werkes eingebürgert, weil sie dem semantischen Gehalt wie auch dem Lautbild des Originaltitels *Choroscho* am besten entspricht. Als sich im Herbst 1927 der Siegestag der russischen Revolution zum zehntenmal jähren sollte, hatte Majakowski längst (und, seiner Übung gemäß, selbstverständlich) beschlossen, dieses Datum mit einem dichterischen Festgeschenk zu begrüßen. Ersten äußeren Anstoß zur Arbeit an einem episch-lyrischen Poem übers erste Sowjetjahrzehnt gab die Leitung der Leningrader Staatstheater, indem sie Majakowski vorschlug, das Szenarium für eine große Jubiläumsvorstellung zu verfassen, also eine Art Festkantatentext. Der Dichter erklärte sich einverstanden und faßte zunächst den Plan einer auf den Tag des 25. Oktober 1917 abzielenden, vielleicht sprechchorartigen Dichtung, die im Theater zu szenischer Entfaltung gebracht werden könnte. Bis Mitte Sommer 1927 waren sieben von den schließlich neunzehn Kapiteln fertiggestellt und unter dem Titel *Der 25. Oktober* nach Leningrad geliefert. Dort fand auf der Bühne des Kleinen Opernhauses am 7. November die Uraufführung statt. Der Dichter setzte aber nachher die Arbeit an dem Werk fort, erweiterte den Plan des Themas über den Oktobersieg hinaus und gestaltete das Poem schließlich zum Hohenlied auf die gute Sache der Arbeiter- und Bauernmacht in Rußland. So formten sich die restlichen Kapitel und eine nachträglich vorangestellte kurze dithyrambische Einführung, die wie ein Auftakt den Charakter des Ganzen bestimmt. Mit dem neuen Titel *Gut und Schön / Ein Oktoberpoem* sollte die ganze Skala der Bejahung und Verheißung angeschlagen werden, die auf zehn harten Jahren des Ringens und Bauens ruhte. In der Kurz-Autobiographie vermerkt Majakowski unter *Das Jahr 27: ... «Gut und Schön» halte ich für eine programmatische Sache, wie seinerzeit «Wolke in Hosen». Knapperer Gebrauch der abstrakten poetischen Kunstmittel (Hyperbel, vignettenartiger Einsatz des eigenwertigen Bildes) und Auffindung von Kunstgriffen für die Verarbeitung zeitgeschichtlicher und propagandistischer Stoffe. Ironisches Pathos bei der Schilderung von Detailausschnitten, die aber auch einen richtigen Schritt in kommende Zeiten eröffnen können («Und kein Fliegenschwarm / macht die Butter käsig. / Ums Herz wird dir warm: / Alle Preise ermäßigt!»). Zwecks Auflockerung der Bildflächen: Einschub von Tatsachen unterschiedlicher historischer Größenordnung, gerechtfertigt nur im Falle persönlicher Reminiszenzanknüpfung (das Gespräch mit Alexander Blok, oder «Das erzählte ein stiller Jude mir, / Paul Iljitsch Lawut ...»).* Fast eine Publikumsführung durchs poetische Atelier, im Stile des großen methodologischen Essays *Wie macht man Verse?* (Frühling 1926), der zu Majakowskis Kampfschrift wurde – gegen die Schablone, gegen die Schematik in der literarischen Arbeit, zugleich gegen schulmeisterlich sture Beckmesserei und konservativen Kult der klassizistischen Poetik. Majakowskis während der Auslandsreisen erstarkte Heimatliebe und revolutionärer Patriotismus strömten ein ins Poem *Gut und Schön: ... Es harft diese Zeit auf Telegrafendrähten, / läßt das Herz mit der Wahrheit zu zwein. / Es geschah dies im Lande mit Truppen und Städten, / oder in meinem Herzen allein ... Gegenden sah ich, wo Feigen und Quitten / mühlos vom Baum in die Hände mir glitten; / solchem Land ist man wenig gewogen. / Doch die Erde, die man im Kampfe erstritten, / um die man gerungen, mit der man gelitten / und die man halbtot zum Leben erzogen – / für solch ein Land ist das Leben geweiht: / zum Schaffen, zum Feiern, zum Sterben bereit!* Oder an anderer Stelle in diesem Poem: *... Dem Land, wo die Luft wie süßer Most, / entfliehst du – zu schön ist der Käfig. / Die Erde, mit der du gefroren im Frost, / die liebst du heftig und ewig.* Und hernach abermals: *... Leicht vergißt du den Ort und die Zeit, / wo du schwelgend in Muße gelungert, /*

doch nimmer die Erde, mit der du zu zweit / durch schwere Jahre gehungert! Fragt man nach dem Leitmotiv des Oktoberpoems, so tritt sogleich der besondere Bürgersinn (grashdanstwennostj) vor Augen, der die neue soziale Daseinswirklichkeit im Heimatland ethisch und ästhetisch bejaht, also *gut und schön* findet, wonach eben das Werk seinen Namen führt. Die kostbare Arbeitserfahrung, die vom Lenin-Poem herrührte, kam dem neuen synthetischen Gedicht der Rückschau zugute; wieder die historiographische Färbung, die humane und zugleich hart dem Werden neuer Dinge zugewandte Haltung. Ist nach Gorki die «schöne» Literatur nichts anderes als «Wissenschaft vom Menschen», so nach Majakowski die neue Poesie des Sozialismus – die Wissenschaft von der guten und schönen, dank dem Oktobersieg zur klassenlosen Zukunft aufbrechenden Sozietät. Und wie das Gedicht *Die Brooklyn-Brücke* symptomatisch war für die Bereitschaftshaltung der UdSSR zur bevorstehenden ökonomisch-technischen Revolution des Ersten Planjahrfünfts der sozialistischen In-

dustrialisierung (1929–1933), so das Poem *Gut und Schön* oder ein Gedicht wie *Verse vom Sowjetpaß* (1929) für die rasch sich steigernde patriotische Selbstbesinnung der ursprünglich (aus mißverständlichem Internationalismus) «vaterlandslosen» proletarisch-revolutionären Bewegung und Rätestaatlichkeit. Im berühmten *Sowjetpaß*-Gedicht heißt es: *... Mit Wolfszähnen wollt ich den Amtsschimmel fassen, / ich spotte jedes gestempelten Scheins. / Jeden Aktenwisch würd ich dem Teufel überlassen, / jedes Amtsformular. Bis auf eins ... / Das will ich aus breitem Hosenbausch ziehn – / meines Daseins unschätzbaren Lohn. / Da, lest, beneidet mich, seht, wer ich bin: / Bürger der Sowjetunion.* Hatte Lyrik sich ehedem der künstlerischen Ausformung des Allgemeinen im Einzelnen, im selbstbetrachterischen Ich, gewidmet, so soll sie von nun ab im Einzelnen das umgewälzte Allgemeine, die wiedergeborene Gemeinschaft darstellen (die bald nicht mehr durch Klassenspaltung zerrissen sein wird). Die Stellungnahme zum verjüngt Gesellschaftlichen verlieh dem früher als «bürgerlich» (wo nicht gar als «zaristisch») geschmähten Begriff «Vaterland» etwa seit 1925/26 neue Würde und Verantwortung. Erste Vorzeichen dieser Wandlung hatte schon der harte Widerstand gegen die militärische Intervention der westlichen Entente sowie gegen die Invasionsheere der Amerikaner und Japaner in Fernost (1918–1921) an den Tag gelegt. *... Laßt den britischen Löwen brüllen – / kronefletschende Sphinx. / Keiner zwingt die Kommune zu Willen. / Links! Links! Links!* hatte Majakowski im *Linken Marsch* 1918 den Matrosen von Kronstadt zugerufen. *... Droht die gemietete Bande / mit stählerner Brandung rings, – / Rußland trotzt der Entente. / Links! Links! Links!*

Die Zeit war vorgeschritten. Der Rätestaat hatte den Bürgerkrieg gewonnen. Die imperialistischen Eindringlinge waren geschlagen. Wirtschaftlicher Ruin, Verwüstungen, Seuchen, Hunger,

Notizbücher Majakowskis, 1928

Majakowski und Wsewolod Meyerhold bei einer Leseprobe der Komödie «Die Wanze», 1928

Brennstoffmangel lagen wie ein Albtraum zurück. Der Wiederaufbau war beendet. Eine gigantische nationale Umwälzung stand unmittelbar bevor: die integrale gemeinwirtschaftliche Industrialisierung. Hier zeigte sich ein neuer, innerer Feind: seit Zulassung eines gewissen, obschon begrenzten Kapitalistensektors (NÖP, Neue Ökonomische Politik, während des Wiederaufbaujahrfünfts) war ein Doppelherd sozialer Gefahr im Körper der jungen Republik aufgebrochen: Bürgerlein und Bürokrat, historische Zwillingsgestalt, Doppelträger aller Rückständigkeit, Gedankenträgheit, antisozialer Selbstsucht, Halsstarrigkeit, also Reaktion. Beide, Kleinbürger und Großbürokrat, waren, gemütlich und grimmig zugleich, Erzeugnisse der Epoche imperialistischer Einkreisung; sie brachten ideologische Konterbande ins Land. Ihnen kam die im Denken und Fühlen vieler Mitbürger noch nachwirkende Klassenmentalität der Vergangenheit entgegen. Majakowski war dem Spießertum, dem «inneren Schweinehund», der Heimsuchung Sowjetrußlands durch Banausen und Mucker schon im *Bewußten Thema* zu Leibe gerückt, dort auf dem Boden der Liebesmoral. Es war eine düstere Abrechnung geworden. Der Generalangriff des Poeten und Verkünders kommender *lichter Zukunft*-Tage, an die er sich *über Köpfe von Poeten und Regierungen* hinweg mit Aufrufen wendet, stand erst bevor. Und diese zwingende Auseinandersetzung sollte sich des Lachens als Waffe bedienen. «Lachen ist ein Zeichen der Stärke», hatte Lunatscharski gesagt. Und Majakowski gestand: *Ich bin meinem Wesen nach ein heiterer Gesell*; wohlgemerkt, in seinem poetischen Neuerertum, dem wir die Benennung «Tribünenlyrik» zuordnen, ist Satire, ja ironischer Sarkasmus kein herauslösbares Sonderelement. «Seine Satire», schreibt der Majakowski-Forscher Sinowij Paperny, «bedeutet die bis zum Ingrimm gesteigerte Lyrik, den zur Waffe greifenden Zartsinn, den Traum von der Zukunft, der kämpfend in die Gegenwart hereinbricht.» Majakowski verabscheute das Bürgerlein; er haßte den Bürokraten. Beide erblickte er in ihrer moralisch-politischen Blöße: als das Überlebte, darum Lächerliche und Entlarvungswürdige. Er teilte diesen Gesichtspunkt mit Gorki und Demjan Bednyj, wählte aber für die eigene satirische Kriegführung gegen jene anachronistischen, im Ganzen des sowjetischen Gemeinschaftskörpers nur noch als Schmarotzer und Krankheitserreger auftretenden Elemente das Feld der dramatischen Literatur: die Komödiengattung. Dem Spießer, dem verbürgerlichten Arbeiter, dem entarteten NÖP-Zögling widmete Majakowski das Sinnbild der Wanze. Eine moskauische Gesellschaftskomödie *Die*

Majakowski und Meyerhold während einer Probe zu der Komödie «Das Schwitzbad» (Meyerhold-Theater, Moskau 1929)

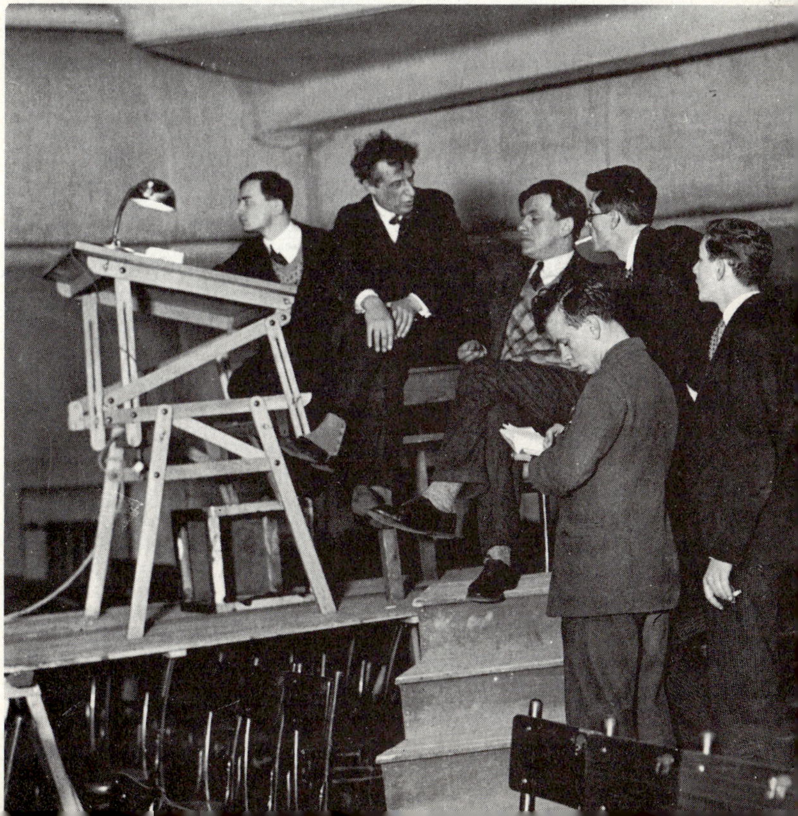

Bei einer Sitzung mit ukrainischen Schriftstellern im Moskauer Staatsverlag, 1929

Wanze (1928), mit dem Untertitel *Eine Zauberkomödie in neun Bildern*, uraufgeführt am Moskauer Meyerhold-Theater 1929, hielt Gericht über den Typus des Kleinbürgers, Kleinstbürgers der NÖP-Periode. Dem mit obrigkeitlicher Macht bekleideten, im sowjetischen Staatsapparat tückisch eingenisteten Fremdling und Schädling bereitete Majakowski ein hinaussäuberndes Schwitzbad. Und so heißt denn auch *Das Schwitzbad* (1929), mit dem Untertitel *Ein Drama in sechs Aufzügen mit Zirkus und Feuerwerk*, uraufgeführt 1930 gleichzeitig am Moskauer Meyerhold-Theater, auf der Filialbühne des Leningrader Großen Dramatischen Staatstheaters und im Schauspielhaus des Leningrader Volksklubs (Narodnyj Dom), eine vernichtende Abrechnung mit dem Amtsschimmel. Beide Komödien entstanden eigentlich organisch aus vorangegangenen satirischen Gedichten. Und schon in Majakowskis erstem dramatischem Werk *Mysterium buffo* hatte es eine interne negative Heldenrolle, den *Versöhnler*, diese heftig attackierte Narrenfigur des universellen Opportunismus, gegeben. Die Schematik des in Versen geschriebenen halbfuturistischen *Mysteriums* war mittlerweile der Realistik des Prosadialogstückes gewichen. Um den szenischen Realismus im Schaffen der neuen russischen Dramatiker zu retten und die Ausartung der revolutionären Bühnenkunst zum stilisierten Agitprop-Theater und kollektivistisch technisierten Schaugepränge zu unterbinden, hatte der Volkskommissar Lunatscharski 1923 die Losung «Zurück zu Ostrovskij!» ausgegeben. Das bedeutete für Majakowski: Studium des Rüstzeugs der zündenden klassischen Gesellschaftssatire: Gribojedov, Gogol, Suchovo-Kobylin (ihnen entsprach auf dem Felde der Erzählkunst Saltykov-Schtschedrin). Majakowskis Hang zum Drama erwuchs deutlich aus seiner Tribünenlyrik. Deren Versen wohnt Verneinung des «Lesegedichts» inne; sie will gesprochen, hörbar gemacht, zwischen Menschen mitgeteilt sein. Majakowskis Bekenntnisheld selber gibt sich als Medium für den Disput zweier Epochen, zweier Sozialformationen, mit klarem Partei-Ergreifen für die eine von ihnen: die aufsteigende. Die dichterisch stärkste Form von Majakowskis Dialektik ist: der Dialog. Gedicht wird Auftritt. Auftritt zum Rollenspiel, zum Drama. Selten fehlt in seinen Gedichten das szenische Element, ein darstellerischer Duktus der Wechselrede, des Wortwechsels, dazu jener Satzbau, dessen Rhythmisierung Brecht einmal «gestisch» genannt hat – zuweilen reicht das bis an die Bühnensinnfälligkeit heran. Seine Rezitationsabende hat Majakowski als Vorstellungen theatralischer Ordnung bezeichnet, sich selber als Darsteller im selbstinszenierten Ein-Mann-Drama. «Majakowskis Poesie ist gezielt dramatisch ihrem Wesen nach», schreibt der sowjetische Literarhistoriker Alexander Fewralski; «die Theaterbestimmung steckt in der Natur seiner Verse; die Einstellung auf zuhörende (und reagierende) Massen, der Gesprächston der Wortfügung streben Bühnenmäßigkeit an; nicht umsonst meinte er: jedwede seiner (lyrischen) Sachen könne man auf den Brettern spielen . . .» Majakowski selber bekennt: *«Die Wanze» ist die Bühnenvariante eines Grundthemas, dem ich Gedichte, Poeme, zeichnerische Plakate und Agitationssprüche gewidmet habe: ich meine das Ringen mit dem Spießbürger.* Als solcher tritt hier Prissypkin auf, *früherer Arbeiter, früheres Parteimitglied, zur Zeit Bräutigam.* Dieser negative Held präsentiert den Typ des NÖP-männisch ausartenden Exproletariers. Bereicherungssucht und Glücksrittertum des Kleineigentümers, Geschmack und Stimmung des beschränkten Emporkömmlings haben von ihm Besitz ergriffen. Nun läßt der Autor die Handlung *um zehn Planjahrfünfte nach vornehin* springen, in den Mai 1979. Die Menschen der klassenlosen Zukunft haben Prissypkin wiederbelebt (*enteist*), mit Befremden und Ekel als Relikt der Vorzeit studiert, schließlich in einen Tiergartenkäfig gesperrt: Exempel von Rückstand, *spießerius vulgaris* ... Ein ähnliches Exemplar von Überbleibsel stellt *Genosse Pobjedonossikow* vor, *Chefvorstand der Hauptverwaltung für Koordinierung und Kompromißprojektierung (Koprochef)*, Maulheld, Boss des federnden Kanzleidrehsessels und der gesetzten Füllfeder, Protagonist im *Schwitzbad*. Sein Bürovorsteher Optimistenko verkündet: *Alle Fragen kann man koordinieren, in Bezugnahme setzen ... Jede Frage kann man in Einklang bringen* ... Damit prägt er die vollendete Gattungsformel für die passive Resistenz des im Grunde gegenrevolutionären Bürokraten. Junge Erfinder, Neuerer, Rationalisierer lernen im Koprochef den hochmütigen Totengräber ihrer Entwürfe und Wagnisse kennen. So verwandelt er den Sinn der Rätemacht in Unsinn, Hoffnung in Enttäuschung, Vorwärtsbewegung in Stillstand. Da erscheint eine Abgesandte der kommunistischen Zukunft, eine *phosphoreszierende Frau*, Nachfolgerin des messianischen Zukunftsmenschen aus dem *Mysterium buffo*, und hält unbestechlich Musterung. Alle strebsam Wirkenden werden erhöht und ins Milieu von Morgen emporbefördert, die Pobjedonossikows und Optimistenkos hingegen fliegen als parasitärer Ballast in die Müllgrube der Vergängnis. ... *Mein Stück ist kein neues Ding, nur eine der Drahtruten jenes eisernen Besens, mit dem wir solcherlei Unrat hinausfegen* ... sagte Majakowski und schloß: *Auf mehr hab ichs nicht abgesehen*. Im 3. Aufzug des *Schwitzbades* wird ein wenig «Theater im Theater» gespielt, der Held Pobjedonossikow von der Bühne in den Zuschauerraum versetzt und ein vollendeter Verfremdungs-Effekt dazu benützt, um eine dramaturgische Polemik oder bühnenästhetische Abrechnung dialogisch auszubreiten: gegen Banalisierung der revolutionären Kunst, gegen Prinzipienlosigkeit und Konjunkturpolitik im Theaterwesen. Es ist dies ein gezielter Schlag gegen die blutleere, verblasene Pseudodramatik der Schatten und Schemen, die als «bloße Sprachröhren des Zeitgeistes» (Ausdruck von Marx in seinem Brief an Lassalle vom 19. April 1859 über das «Shakespearisieren» und «Schillern») ihr dürftiges Bühnendasein fristen. Das Wesen der realistischen Phantastik, die beide Komödien mit dem *Mysterium* entwicklungsmäßig verbindet, ist der vorweggenommene Rückblick aus der Zukunft, der die Jetztzeit gleichsam zur Vergangenheit abwertet. Dieser Kunstgriff erzeugt konstruktiv verlagerte Gesamt- und Teilperspektiven, deren satirisch-kritische Aufschlüsse beabsichtigt sind. Wie sagt doch die *phosphoreszierende Frau? Wir durchbrechen die altersschwache Zeit* ...

«ZWISCHENFALL BEREINIGT ...»

Majakowski war das erste, nun schon als klassisch anerkannte Kapitel in der Geschichte der Sowjetdichtung. Neben Maxim Gorki steht er kreativ am Beginn des (viele Stile umfassenden) sozialistischen

Realismus. Unstreitig war er dessen tonangebender Mitbegründer, mit allem, was er hinterließ: Tribünenlyrik, Zeitgedicht, Sprechmarsch, satirisches Versfeuilleton, dithyrambische Reimrede, epochales Poem-Werk, dramatische Massenrevue, phantastische Gesellschaftskomödie, episch-lyrisches Szenarium, Kindergedicht, Werbeplakatvers, Klebezeile, Zeitungspamphlet, rhythmisierte Parole, Flugblattreimtext; hinzu tritt die Prosaskizze, die poetisch-publizistische Reportage, das epistolische Reisebild, der literarische Essay. Mit alldem repräsentiert er den Kampf des Neuen gegen das Alte an der Grenzscheide zweier Epochen. Dabei gestaltete sich Majakowskis literarisches Schicksal widerspruchsvoll. In schroffe literarische Zerwürfnisse verstrickt, unaufhörliche Anwürfe der Zeitschriften parierend, seine Gefährten verteidigend, schien er selber unversehrbar. Athletischer Wuchs, sprühende Vitalität, erstaunliche Zungenfertigkeit und Geistesgegenwart bei Kampfdebatten, unbändiger Witz und Scharfsinn im zugespitzten Meinungsstreit – das alles war an ihm gefürchtet und bewundert. Wem kam es je in den Kopf, daß hinter diesem Panzer ein allzu empfindliches Herz schlug, ein zu Schwermut neigendes Gemüt aufs Freundeswort, auf Zuspruch, Mitgefühl, ja Zärtlichkeit sehnlich wartete? Er hatte Gefährten und Bewunderer

Majakowski auf einem Bücher-Basar, umgeben von Rotarmisten, 1929

1929

genug, doch keiner bedachte die Gefahr, die solch unstillbarem Brennen, Wachsein und Draufgängertum heimlich drohten. Majakowskis explosives Temperament war gewiß ein Energiequell, doch zugleich auch Ursprung einer heiklen Unausgeglichenheit. Dieser Poet ähnelte einer Feuerlinie ohne Rückendeckung. Und im Troß saßen Feinde. Sie hatten politischen und persönlichen Grund, den ewig mobilen *Agitator, Anführer, Schreihals*, den *Assanierer mit dem Stadtsprengwagen* zu fürchten, zu hassen, zu verleumden, zu verfolgen. Die einen fühlten sich getroffen, als er ihnen im Bühnenpamphlet *Prissypkin* und *Pobjedonossikow*, das Bürgerlein und den Bürokraten, vorsetzte. Andere erkannten sich wieder, als er von der *Bande dichtender Betrüger, Schieber, Kriecher* sprach. Rußlands gesellschaftliche Krise und Umwälzung war noch in vollem Gange. Sie forderte von dem eifrigsten Rufer viel Kampfesmut und Wachsamkeit. Ihn unterstützten die Arbeiter-Auditorien, auch Avantgardeschichten der Jugend, der Studentenschaft. Aber welche Müllfuhren von Schmähung und Verunglimpfung entlud die damals «führende» sowjetische Kritikergilde über Majakowskis Werk, seinen Namen, seine Sache! Ich habe diese Sippe selber kennengelernt, als ich 1928 mit Majakowski persönlichen Kontakt aufnahm. Zum erstenmal im Leben lernte ich sehen, wissen, fühlen, was literarische Intrige, was Hetze, was Kesseltreiben und Totschweigen heißt. Ich erlebte den beschämenden, gegen Majakowskis Ausstellung *20 Jahre Arbeit* (1930, Januar) gerichteten «Boykott von oben», die Verlagsschikanen, die Schimpfkanonaden der Rezensenten, die Quertreibereien gegen Meyerholds Majakowski-Inszenierungen. Die RAPP-Funktionäre nannten den volkstümlichsten, gewaltigsten Dichter der russischen Revolution – «Mitläufer». Die Literaten von der proletarischen «Schmiede» lehnten ihn als «Intellektualisten» ab. Die «Konstruktivisten» (die ihm alles Erdenkliche abgeguckt hatten) befehdeten ihn mit der ganzen Haßliebe abtrünniger Schüler. Die auf Majakowskis Haupt niederprasselnden Kränkungen verfehlten nicht, des Dichters Kräfte zu untergraben. Noch hielt der Riese seine Position, mit allem Zorn seiner Überzeugung, mit dem Glanz seines genialen Könnens, mit seiner innigen Volksfühlung, mit seinem dröhnend hymnischen Baß. Er gab nicht klein bei. Er beklagte sich nicht einmal. *Flennendes macht sich leicht*, schrieb er 1928, *es greift ans Herz nicht durch Wortkunst, sondern durch gewisse, mit dem Vers verbundene parallele Ausrufe der Selbstbemitleidung. Einem meiner plumpen Nilpferdgedichte fügte ich folgenden Paradiesschweif an: ... Ich will: die Heimat soll mich verstehn. / Doch wenn sies nicht will, je nun – / dann heißts: an der Heimat vorübergehn, / wie die schrägen Regen es tun ...* Und der Poet schloß dies Bekenntnis so: *Ungeachtet all der romanzenhaften Empfindsamkeit (das Publikum greift zu den Taschentüchern) habe ich dies vom Regen benetzte Schweifgefieder ausgerupft.* Den Komsomolzen des Moskauer Krasnaja Preßnja-Bezirks erklärte er: *Ich bin ein Tatmensch, ich will denn persönlich mit der Nachwelt reden und nicht erst abwarten, was ihr meine künftigen Kritiker vor-*

Lenin spricht in Moskau

flunkern werden. Darum wende ich mich durch mein Poem «Mit aller Stimmkraft» unmittelbar an die Nachfahren. Freilich, diese Invokation spricht vorerst zu uns Heutigen – als starker Appell zugunsten der sozialistischen Kampfpoesie. *Mein Wort ist nicht der süße Ohrenknecht ... / Parade meiner Blätter, wie vorm Schaugefecht, / ich schreite ihre Zeilenfronten ab. / Bleischwer gereimte Verse blicken auf, / bereit zum Tod wie zu des Weltruhms Fackelzündung. / Poeme stehn «habt acht!» und pressen Lauf an Lauf / mit ihres Titels drohend offner Mündung.* Majakowski kämpfte mit offenem Visier, seine Feinde mit aller skrupellosen Tücke, Gewalt und Grausamkeit der heraufsteigenden Stalinschen Ära. War *Mit aller Stimmkraft* auch nur als Vorwort zu einem großen Poem über das erste Planjahrfünft gedacht, so wurde es doch zur vollendeten Abschiedsmanifestation des todmüden Dichters. In jener erwähnten Rede an die Komsomolzen (sie fand am 25. März 1930 statt, zwanzig Tage vor dem Freitod) sagte er unumwunden: *Angesichts meines raufsüchtigen Charakters hat man mir so viele Hunde auf den Hals gehetzt und mich so vieler Sünden bezichtigt, vorhandener und nichtvorhandener, daß es mir manchmal verlockend scheinen will: irgendwohin zu verreisen und dort zwei Jahre zu hocken, um nur das öde Gezänk nicht zu hören. Aber tags darauf ermanne ich mich natürlich, schüttle den Pessimismus ab, kremple die Ärmel auf und stürze mich in den Raufhandel, mein Daseinsrecht behauptend als Schriftsteller der Revolution, für die Revolution, der ich nie untreu geworden bin.* Doch kam zur Verschwörung der Hasser noch ein plötzliches Kehlkopfleiden nach «übertauchter» Grippe hinzu, das ihn stimmlich behinderte, ja Ängste wachrief: er werde nie mehr als der Schreihals der Unterklasse bei Kundgebungen und Massenversammlungen den Donner-Herold repräsentieren. Im Kreml-Krankenhaus stellte man Erschöpfung des Nervensystems fest und empfahl Majakowski, unbedingt sechs Monate auszuspannen. Lilja und Ossip Brick, seine besten Freunde, waren gerade im Ausland. Assejew, den er etliche Male anklingelte, war zufällig nicht zu Hause. In die ersten Apriltage fiel eine mißliche Liebesepisode mit der Schauspielerin Veronika Polonskaja. Der später von Lunatscharski erkannte «Doppelgänger in Majakowski» drohte, das letzte Wort zu behalten. Unselige Verkettung von Zufällen und widrigen Umständen, vorm Hintergrund der in jenem Zeitpunkt gerade scharf zugespitzten innerpolitischen Situation, zu welcher noch die jetzt überaus schmerzlich empfundene persönliche Isolierung hinzukam – all das ergab die schwere Augenblickskrise des 14. Apriltags 1930. Es war Montag. In einem Verzweiflungsanfall, in seiner einsamen Arbeitsklause am Lubjanskij Projesd, um 10 Uhr 15, brachte er das nie erschöpfte Herz durch einen Pistolenschuß zum Stehen. Außer einem sachlich kurzen Vermächtnisbrief fand man ein Abschiedsgedicht vor: *Der Zwischenfall ist, wie man sagt, bereinigt; / das Liebesboot mußte am Dasein zerbrechen. / Bin quitt mit dem Leben. Unnütz und peinlich, / von wechselseitiger Kränkung zu sprechen ...* Im Brief warnte er vor Nachahmung und entschuldigte sich fürs schlechte Beispiel. Durch die UdSSR ging's wie ein tellurisches Beben. Am 17., nach 15 Uhr, geleiteten wir ihn zu Grabe. Ganz Moskau schritt in dem Leichenzuge. Es war ein kühler, trister Frühjahrstag. Mir klangen die Trauerreden Lunatscharskis und Konstantin Fedins im Ohr. Jener sagte: «Er fiel unbesiegt ...» Mir schien: wie vor ihm Puschkin und Lermontov, fiel er im Duell. Im Zweikampf mit dem geschlagenen Zyklopen Alt-Rußland. Nun ruht er im Ehrengrab auf dem russischen Pantheon-Friedhof des früheren Nowodjewitschy-Klosters, am Ufer der Moskwa. Der ehemalige «Triumphplatz» von Moskau heißt heute Majakowski-Platz. In dessen Mitte steht sein Marmorstandbild (wiewohl

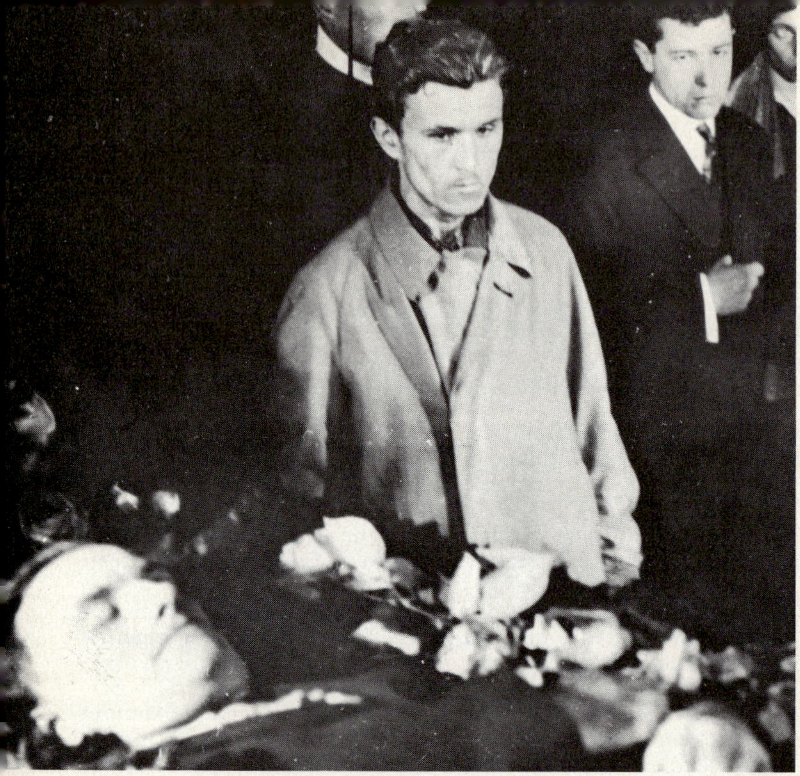

Abschied von Majakowski

er sich einst gegen solche postume Ehrungen verwahrt hatte). Längst sind nun Majakowskis Feinde versprengt, verweht. Doch die Nachfahren, die er angerufen, setzen an, wo er aufhörte. Genau trifft zu, was Heinrich Mann nach Hinscheiden eines andern, nämlich Lenins, niederschrieb: «Rußlands Revolution ist so glücklich, einen allen gemeinsamen Helden zu haben.»

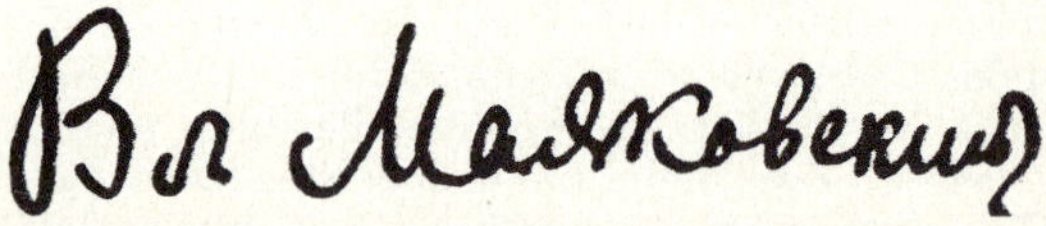

ZEITTAFEL

1893 19. Juli: Geburt von Wladimir Wladimirowitsch Majakowski als drittes Kind des Forstmeisters Wladimir Konstantinowitsch Majakowski und seiner Frau Alexandra Alexejewna, geb. Pawlenko, in dem imerischen Weinbauerndorf Bagdady (Georgien). (1940 wird der Ort zu Ehren des Dichters in «Majakowski» umbenannt.) Der Vater stammt aus einer russischen Beamtenfamilie, die Mutter ist halb ukrainischer Herkunft.

1902 Besuch des Gymnasiums in Kutais (Georgien).

1905 Teilnahme an revolutionären Versammlungen und Umzügen in Kutais. Begeisterung für klassenkämpferische Ziele.

1906 Februar: Tod des Vaters. Die Mutter übersiedelt mit den Kindern nach Moskau, wo Majakowski das Gymnasium Nr. 5 besucht. Wirtschaftliche Schwierigkeiten der Familie. – Lektüre von Marx und Lenin. Lyrische Produktionen für eine Gymnasiastenzeitschrift.

1908 Eintritt in den bolschewistischen Flügel der Russischen Sozialdemokratischen Arbeiterpartei. Aktive propagandistische Betätigung. Mitglied des Moskauer Parteikomitees. 1. März: Ausschluß aus dem Gymnasium wegen Nichtzahlung des Schulgelds. 29. März: Verhaftung in einer Geheimdruckerei, doch baldige Freilassung. Weitere politische Tätigkeit.

1909 Januar: Zweite Verhaftung mit anschließender Inhaftierung bis Ende Februar. Besuch des Stroganowschen kunstgewerblichen Technikums in Moskau. Erneute Verhaftung. Gefängnisaufenthalt, zunächst in einer Sammelzelle, dann wegen Aufsässigkeit in Einzelhaft.

1910 Januar: Sein jugendliches Alter rettet Majakowski vor der Verschikkung nach Sibirien. Freilassung. Besuch der Moskauer Lehranstalt für Malerei, Bildhauerei und Baukunst.

1911 Freundschaft mit dem Mitschüler David Burljuk.

1912 Erste poetische Versuche. Gemeinsam mit Burljuk verfaßt Majakowski das Manifest *Eine Ohrfeige dem öffentlichen Geschmack*. Weitere Versdichtungen in der Richtung des russischen Futurismus.

1913 Aufführung der Tragödie *Wladimir Majakowski* in St. Petersburg. Abfassung eines Filmdrehbuchs.

1914 Vortragsreise durch die russische Provinz. Bei Kriegsausbruch meldet Majakowski sich freiwillig, wird aber abgewiesen. Fahrt nach Kuokkala (Finnland) und Kontakt mit Künstlern der dortigen Petersburger Kolonie. Beiträge für die Zeitschrift «Neues Satyrikon».

1915 Sommer: Besuch bei Maxim Gorki in dem finnischen Badeort Mustamjaki. Begeisterung Gorkis für Majakowskis Poem *Wolke in Hosen*. Juli: Bekanntschaft mit Lilja und Ossip Brick. *Wolke in Hosen* (ursprünglicher Titel *Der dreizehnte Apostel*) erscheint durch den Einsatz von Ossip Brick, doch in einer von der Zensur gekürzten Form. Poem *Die Wirbelsäulenflöte*. Oktober: Einberufung zum Militärdienst. Übersiedlung nach Petrograd (St. Petersburg).

1916 Durch Gorkis Vermittlung druckt die Zeitschrift «Jahrbuch» Verse Majakowskis, und die erste Gedichtsammlung *Bieder wie ein Gemuhe* kann erscheinen. Antizaristisches Poem *Krieg und Welt*.

1917 Erste Wendung vom Futurismus zum Realismus in dem sozialsatirischen Poem *Der Mensch*. Majakowski hält Vorlesungen in Petrograd und Moskau. Politische und dichterische Arbeit im Dienste der Revolution. Wachsende Popularität. 30. November: In einer von Anatoli Lunatscharski einberufenen Versammlung der Kunstschaffenden unterstützt Majakowski diesen in seinem Appell an die Künstler, ihr Werk in den Dienst der jungen Sowjetrepublik zu stellen.

1918 Tätigkeit im Volkskommissariat für Bildungswesen. Gründung der Zeitung «Kunst der Kommune». Arbeit für verschiedene Filme: Drehbücher, Regie, Übernahme von Rollen, Entwerfen von Werbeplakaten. Bemühungen zur Verstaatlichung der Filmwirtschaft. Einrichtung von eigenen öffentlichen Vortrags- und Rezitationsabenden mit Diskussionen. 7. November (erster Jahrestag der Oktoberrevolution): Uraufführung von *Mysterium buffo*, dem ersten sowjetischen Theaterstück, in Petrograd. Dezember: *Linker Marsch*, das «klassische» Gedicht der russischen Revolution.

1919 März: Übersiedlung von Petrograd nach Moskau. Das Poem *150 Millionen* erscheint anonym. Arbeit als Plakatzeichner und Textdichter für die Russische Telegraphen-Agentur (ROSTA), die Bild- und Textanschläge als Informations- und Propagandamittel für die Bevölkerung benutzt (ROSTA-Fenster).

1920 Weitere Tätigkeit im Dienste der ROSTA.

1921 Mitarbeit an der «Iswestija» und anderen sowjetischen Zeitungen. Propagandistische Arbeit zugunsten des Staatshandels. Neufassung von *Mysterium buffo* im Moskauer Meyerhold-Theater. Juni: Festaufführung des Stückes zum Dritten Komintern-Weltkongreß in Moskau in deutscher Sprache.

1922 Oktober: Reise über Petrograd, Narwa, Reval, Stettin nach Berlin. Kontakt mit linksgerichteten deutschen Literaten. Mehrmaliges öffentliches Auftreten (Vorträge, Rezitationen). Zusammentreffen mit Serge Prokofieff und Serge Diaghilew. Siebentägiger Aufenthalt in Paris. Besuch verschiedener Malerateliers; Begegnungen mit Igor Strawinsky und Jean Cocteau. Rückfahrt nach Berlin. Dezember: Rückkehr nach Moskau.

1923 Januar/Februar: Poem *Das bewußte Thema (Darüber)*. Gründung der Kunstzeitschrift «LEF». Sommer: Flugreise nach Berlin. Anschließende Ferienaufenthalte in Flinsberg (Isergebirge) und Norderney. September: Vergebliche Bemühung um ein amerikanisches Einreisevisum in Berlin.

1924 Frühjahr: Fahrt nach Berlin zur Erlangung des USA-Visums. Erneute Kontakte mit deutschen Schriftstellern und Theaterleuten. Vorträge in der russischen Provinz. November/Dezember: Aufenthalt in Paris. Poem *Wladimir Iljitsch Lenin* zum Tode Lenins.

1925 Mai: Flugreise von Moskau über Königsberg, Berlin nach Paris. Juni/Juli: Überfahrt nach Amerika. Juli: Ankunft in Vera Cruz. Weiterreise nach Mexico City. Nach dreiwöchigem dortigen Aufenthalt Einreiseerlaubnis in die USA. Fahrt nach New York. Wiederbegegnung mit David Burljuk. Mehrere Rezitations- und Vortragsabende. Von New York aus Vortragstournee nach Cleveland, Detroit, Chicago, Philadelphia, Pittsburgh. 28. Oktober: Abreise aus New York. November: Ankunft in Le Havre. Weiterfahrt nach Paris. Vorträge und Lesungen. Rückkehr über Berlin und Riga nach Moskau. Studie *Meine Entdeckung Amerikas*; zahlreiche Gedichte. Ab Dezember: Fortführung der Rezitations- und Vortragsabende in Moskau und der Sowjetunion, zunächst im Zeichen des dichterischen und kritischen Niederschlags der Amerikareise.

1926 Gedicht *An Sergej Jessenin*.

1927 April/Mai: Fahrten nach Warschau, Prag, Berlin, Paris. Vorträge und Rezitationen. Ständiger Mitarbeiter der «Komsomolskaja Prawda» und Leiter der Zeitschrift «Neue LEF». Poem *Gut und schön* zum zehnten Jahrestag der Oktoberrevolution.

1928 Komödie *Die Wanze*. Herbst: Reise nach Berlin und Paris. November: Begegnung mit Louis Aragon in Paris. Die erste Gesamtausgabe beginnt zu erscheinen. Widmung an Lilja Brick.

1929 Februar–Mai: Reise nach Prag, Berlin, Paris, Nizza, Monte Carlo. Unglückliche Liebe zu der Schauspielerin Veronika Polonskaja. Organisator der Schriftsteller-Vereinigung REF. Uraufführung von *Die Wanze* am Moskauer Meyerhold-Theater. Drama *Das Schwitzbad*.

1930 Februar: Majakowski-Ausstellung «20 Jahre Arbeit». März: Uraufführung von *Das Schwitzbad* am Moskauer Meyerhold-Theater und in Leningrad. Ablehnende Haltung des Publikums. Vorwort zu dem geplanten Poem *Mit aller Stimmkraft* (bleibt Fragment). Kehlkopfleiden. Physischer Erschöpfungszustand. Angriffe und Intrigen der Umwelt. 14. April: Freitod Majakowskis durch einen Revolverschuß in seinem Studierzimmer in Moskau.

ZEUGNISSE

Wsewolod E. Meyerhold

Majakowski irritierte so manchen, eben weil er großartig war; er irritierte, weil er in der Tat ein echter Meister war und wirklich das Elementargewaltige der Kunst beherrschte ... Majakowski war ein Mann von hoher Kultur, wußte vortrefflich Bescheid über die sprachlichen Dinge, gebot vortrefflich über die szenische Komposition und die Gesetze der Bühnenkunst. Majakowski wußte, was Theater heißt. Er war ein Souverän des Theaters. Nicht an die großen und kleinen Gefühle wandte er sich. Er war der echte Revolutionär ... Ich bin überzeugt: wäre Majakowski am Leben geblieben, so hätte er es zum ersten Dramatiker dieser Zeit gebracht, – weil die szenische Kunst eben nicht bloß Gegenwartsaufgaben, sondern auch Zukunftsprobleme zu lösen hat.

Februar 1933

Josef Stalin

Majakowski war und bleibt der beste, begabteste Dichter unserer Sowjetepoche. Es ist ein Verbrechen, seinem Gedächtnis und seinem Werk teilnahmslos gegenüberzustehen.

1936

Johannes R. Becher

Majakowskis Ruhm überholt seine Werke. Sein Name stürzte auf uns, die wir von der Welle der Großen Russischen Revolution gehoben worden waren. Man erzählte einander von seinen Gedichten, einer las sie vor, gab sie weiter. Was man erzählte, schien damals unwahrscheinlich, fast legendär. Aber wenn wir uns heute ihrer erinnern (da wir besser vertraut sind mit dem Dichter und seinen Schöpfungen), sind wir erstaunt: Die Legende, die damals den Namen Majakowskis umgab, vermittelte das Wesen seiner Dichtung, ihre welthistorisch-revolutionäre Bedeutung umfassend und richtig. Das war eine wahrhaft stürmische Legende! Wie ein Orkan brauste das neue mächtige Talent von Osten heran und fegte die alten Rhythmen und Bilder hinweg, wie das noch kein Dichter gewagt hatte.

Prawda. 14. April 1940

Dmitri Schostakowitsch

Schon in jungen Jahren begeisterte mich die Poesie Majakowskis, und es war ein 1919 auf schlechtem Papier gedrucktes Büchlein ... was mir die erste Bekanntschaft mit dem Poeten vermittelte ... Anfang 1929 schlug mir Meyerhold vor, ich solle für das Komödienwerk «Die Wanze», das er gerade in Szene setzte, die Musik schreiben. Mit Vergnügen machte ich mich an diese Arbeit. Ich hatte naiverweise geglaubt, Majakowski müsse im Leben, im täglichen Umgang, immer derselbe Tribun, derselbe glanzvoll geistreiche Redner sein; doch als ich bei einer Probe mit ihm persönlich bekannt wurde, überraschte mich seine Weichheit, Umgänglichkeit, kurz: seine gesittete Art. Er erwies sich als angenehmer, aufmerksamer Mensch, war lieber der Zuhörer als der Sprecher. Man hätte meinen mögen: reden würde er und ich zuhören, doch in Wirklichkeit war es umgekehrt ... In einem späteren Gespräch stellte sich heraus, daß Majakowski musikliebend war und mit großem Genuß Chopin, Liszt und Skrjabin hörte.

1940. In: V. Majakovskij v vospomanijach sovremennikov. Moskva 1963

PAUL ELUARD

Wladimir Majakowski ist nicht gestorben. Seine heldische Bemühung hilft unaufhörlich weiter, eine neue, sich ständig vervollkommnende Welt zu errichten. Seine Bücher werden ihn allzeit als einen der besten Citoyens des Sowjetlandes und der Erde dartun.

1945

GOTTFRIED BENN

Majakowski –: ein ganz außerordentliches literarisches Talent, zweifellos eine echte dichterische Potenz, aber infolge der kommunistischen Zwangsideologie ins Läppische und Clownhafte abgleitend.

An Hans Paeschke. 19. März 1949

STEPHAN HERMLIN

Das Leid Majakowskis ist wirkliches Leid. Selbst die Leute, denen der Ausdruck dieses Leids in den Frühwerken des Dichters auf die zarten Nerven ging, mußten die Realität dieser Schmerzen einer gefolterten Menschheit begreifen ...

Wir wissen, daß Majakowski ... sehr viel Whitman gelesen hat, und wir finden ohne Mühe Anklänge an den großen amerikanischen Dichter einer echten menschlichen Demokratie. Aber ich behaupte, daß Majakowski seinen Vorgänger bei weitem übertrifft in der Erkenntnis der realen Kräfte und Gegenkräfte der Zeit, in der Macht der poetischen Beschwörung, im Strahlen der Wirklichkeit werdenden Utopie.

Majakowski, Wolke in Hosen. 1949

Martin Andersen-Nexö

Sogar in der deutschen Nachdichtung überwältigt einen die Genialität Majakowskis.

1950

Boris Pasternak

Ich hatte eine besondere Vorliebe für Majakowskis frühe Lyrik. Ihre strenge Würde, ihr drohender, anklagender Ernst hob sich von dem Hintergrund der damaligen Hanswurstiaden als etwas Außergewöhnliches ab. Es war eine von Meisterhand durchgebildete Poesie, vermessen und dämonisch, zugleich aber dem Verhängnis, dem Untergang geweiht und um Hilfe rufend ...

Die Zeit hat ihn erhört und hat erfüllt, worum er bat. Seine Züge sind in die Gedenktafel des Jahrhunderts eingezeichnet. Aber wessen bedurfte es, um das vorherzusehen und zu erraten!

Pasternak, Über mich selbst. 1958 (Dt. 1959)

Ilja Ehrenburg

Bedauerlicherweise hat sich Majakowski, selber einst Mythenzerstörer, mit ungewöhnlicher Schnelligkeit in einen Mythenheros verwandelt. Fast könnte man meinen, es sei ihm beschieden gewesen, sein wirkliches Wesen zu verbergen ...

Über Majakowski denke ich immer wieder nach; manchmal widerspreche ich ihm, aber stets fasziniert mich seine dichterische Tat. Das Standbild schaue ich nicht an – was soll ein Standbild auch tun als auf der Stelle stehen? Majakowski aber geht vorwärts: durch die neuen Viertel von Moskau, durch die alten von Paris, über unseren ganzen Stern. Er verschenkt nicht neue Reime, sondern neue Ideen und Empfindungen.

Ehrenburg, Menschen – Jahre – Leben. 1961 (Dt. 1962)

Hans Magnus Enzensberger

Majakowski kann nicht veralten. Er ist wie jedes Fabelwesen seiner und aller Zeit voraus. Wo er erscheint, wird immer Überraschung sein, Panik und Verzauberung.

1961. In: Bibliothek Suhrkamp im Jahr des 100. Bandes. 1963

BIBLIOGRAPHIE

1. *Bibliographien*

BAZANOV, V. V.: Majakovskij v sovremennych issledovanijach. (Obzor rabot). In: Majakovskij v sovremennom mire. Stat'i, issledovanija, materialy i vospominanija. Hg. von VERA V. TIMOFEEVA. Leningrad 1984, S. 207–250

CAPENKO, G. M: V. V. Majakovskij. Ukazatel' literatury. Moskva 1980 [Majakovskijs Werke in Übersetzungen]

DARRING, GERALD: Mayakovsky. A bibliography of criticism (1912–1930). In: Russian literature triquarterly 2 (1972), S. 510–529

[Fünfzigster] 50. Todestag des russisch-sowjetischen Schriftstellers Wladimir Majakowski am 14. April 1980 [Bibliographie]. In: Bibliographische Kalenderblätter 1980, Folge 4, S. 25–36

IŠKOVA, S. S., und E. I. JACUNOK: Prižiznennye izdanija Vladimira Vladimiroviča Majakovskogo. Moskva 1984. (Russkaja kniga XX veka v sobranii Gosudarstvennoj Biblioteki SSSR Imeni V. I. Lenina. 4)

KOSSUTH, LEONHARD: Bibliographie deutschsprachiger Veröffentlichungen über Wladimir Majakowski. Tl. 1 (1919–1949), 2 (1950–1959), 3 (1960–1966), 4 (1967–1971), In: Kunst und Literatur 21 (1973), S. 1040–1055; 22 (1974), S. 92–109, 769–780, 879–892

MELIS, FRANÇOIS: Wladimir Majakowski. Die deutschsprachigen Buchausgaben 1924–1982. Mit Bibliographie. In: Marginalien 100 (1985), S. 29–60

SUVOROVA, K. N., und V. V. MAJAKOVSKIJ: Opisanie dokumental'nych materialov. Bd. 1, «Okna» ROSTA i Glavpolitprosveta. 1919–1922 gg. Moskva 1964. – Bd. 2. Rukopisi. Zapisnye knižki. Živopis'. Risunki. Afiši. Programmy. Zapisi golosa. Moskva 1965

TSCHISTOWA, BELLA: Auswahlbibliographie zur Majakowski-Rezeption. In: Majakowski in Deutschland. Texte zur Rezeption 1919–1930. Hg. von ROSWITHA LOEW u. a. Berlin 1986, S. 111–129

2. *Werke*

I. Gesamtausgaben

Polnoe sobranie sočinenij. 13 Bde. Hg. vom Inst. Mirovoj Lit. Im. A. M. Gor'kogo. Moskva (Gos- Izdat. Chud. Lit.) 1955–1961
Bd. 1. 1912–1917. – Bd. 2. 1917–1921. – Bd. 3. «Okna» ROSTA 1919–1922. – Bd. 4. 1922–fevr. 1923. – Bd. 5. Mart – dek. 1923. Reklama 1923–1925. – Bd. 6. 1924 – pervaja pol. 1925. – Bd. 7. Vtoraja pol. 1925–1926. – Bd. 8. 1927. – Bd. 9. 1928. – Bd. 10. 1929–1930. Stichi detjam 1925–1929. – Bd. 11. Kinoscenarii i p'esy 1926–1930. – Bd. 12. Stat'i, zametki i vystuplenija. Nojabr' 1917–1930. – Bd. 13. Pis'ma i drugie materialy

Werke. Hg. von LEONHARD KOSSUTH. Dt. Nachdichtung von Hugo Huppert. 5 Bde. Frankfurt a. M. (Insel) 1980 [auch als zehnbändige Werkausgabe in der edition suhrkamp erschienen, dafür wurde jeder Bd. in zwei Hälften geteilt]
Bd. 1. Gedichte. – Bd. 2. Poeme. – Bd. 3. Stücke. Bühnenwerke und Filmszenarien. – Bd. 4. Prosa. Autobiographie, Reiseskizzen, Briefe. – Bd. 5. Publizistik. Aufsätze und Reden

II. Teilsammlungen und Auswahlausgaben in deutschen Übersetzungen

Aus vollem Halse. Gedichte. Dt. von Karl Dedecius. Ebenhausen b. München (Langewiesche-Brandt) 1983
Frühe Gedichte. Dt. von Alfred E. Thoss. Frankfurt a. M. (Suhrkamp) 1965
Gedichte. Ausw., Übertr. und Nachw. von Karl Dedecius. Stuttgart (Reclam) 1971
Gedichte. Russisch und Deutsch. Hg. von Gerhard Schaumann. Leipzig (Reclam) 1985
Her mit dem schönen Leben. Gedichte, Poeme, Aufsätze, Reden, Briefe und Stücke. Ausgew. von Thomas Brasch. Dt. Nachdichtung von Hugo Huppert. Frankfurt a. M. (Suhrkamp) 1982
Ich. Ein Selbstbildnis. Collagiert und komment. von Karl Dedecius. Frankfurt a. M. (Suhrkamp) 1973
Ich will meinen Stern, Majestät! Gedichte. Nachdichtung von Hugo Huppert. Berlin (Tribüne) 1987
Mysterium buffo und andere Stücke. Dt. Nachdichtung von Hugo Huppert. Frankfurt a. M. (Suhrkamp) 1964
Politische Poesie. Dt. Nachdichtung von Hugo Huppert. Frankfurt a. M. (Suhrkamp) 1979
Vers und Hammer. Schriften, Gedichte. Frankfurt a. M. (Luchterhand) 1989
Die Wanze, Schwitzbad und andere satirische Dichtungen aus den Jahren 1928–1929. Mit Dokumenten und Materialien im Anhang. Nachdichtung von Rainer Kirsch. Hg. von Fritz Mierau. Darmstadt, Neuwied (Luchterhand) 1980
Wie macht man Verse? Dt. und mit einem Nachw. vers. von Hugo Huppert. Frankfurt a. M. (Suhrkamp) 1964

III. Einzelausgaben

a) Erstausgaben in Buchform zu Majakovskijs Lebzeiten (Auswahl)

Ja! Moskva 1913
Vladimir Majakovskij. Tragedija v dvuch dejstvijach s prologom i ėpilogom. Moskva 1914
Oblako v štanach. Tetraptich. Petrograd 1915
Flejta-pozvonočnik. Petrograd 1916
Vojna i mir. Petrograd 1917
Čelovek. Vešč'. Petrograd 1918
Misterija-buff. Geroičeskoe, ėpičeskoe i satiričeskoe izobraženie našej ėpochi. Petrograd 1918
150 000 000. Moskva 1921
Ljublju. Moskva 1922
Pro ėto. Moskva, Leningrad 1923
Vladimir Il'ič Lenin. Poėma. Leningrad, Moskva 1925
Moe otkrytie Ameriki. Moskva 1926
Chorošo! Oktjabr'skaja poėma. Moskva, Leningrad 1927
Kak delat' stichi? Moskva 1927
Klop. Feeričeskaja komedija. Moskva, Leningrad 1929
Banja. Drama v 6-ti dejstvijach s cirkom i fejerverkom. Moskva, Leningrad 1930

b) *Einzelwerke in deutschen Übersetzungen*

Darüber. Poem. Russ. und dt. Nachdichtung von Alfred E. Thoss. Hg. von GERHARD SCHAUMANN. Leipzig (Reclam) 1985

DUWAKIN, WIKTOR: ROSTA-Fenster. Majakowski als Dichter und bildender Künstler. Dresden (Verl. d. Kunst) 1975

EVERTS-GRIGAT, SENTA: V. V. Majakovskij: Pro ėto. Übersetzung und Interpretation. München (Sagner) 1975

[Hundertfünfzig] 150 Millionen. Poem. Nachdichtung von Johannes R. Becher. Berlin, Weimar (Aufbau) 1987.

Oblako v štanach. Tetraptich. Wolke in Hosen. Ein Tetraptychon. Neu übers. und hg. von KARL DEDECIUS. Mit d. Übertragungen von Hugo Huppert und Alfred E. Thoss. München (dtv) 1976

Meine Entdeckung Amerikas. Reisebericht. Übertr. von Wilhelm Naumann. Zürich (Arche) 1960

Schwitzbad. Mit Dokumenten und Aufsätzen im Anhang. Übers. und Nachdichtung von Rainer Kirsch. 2., erw. Aufl. Leipzig (Reclam) 1982

Wie man Verse macht. Übertr. von Siegfried Behrsing. Zürich (Arche) 1960

Die Wirbelsäulenflöte. 1915. Die Geschichte eines Gedichts, eines Jahres, einer Liebe. Neu übers. und ins Gedächtnis gerufen von Karl Dedecius. Frankfurt a. M. (Insel) 1971

Wladimir Majakowski. Tragödie. Dt. Fassung von Heiner Müller nach einer Übers. von Ginka Tscholakowa. Mit Zeichn. von Wladimir und David Burljuk. Berlin (Friedenauer Presse) 1985

Die Wolke in Hosen. Dt. Übers., Anm. und russ. Wörterverz. von Alexandra v. Reinhardt. Tübingen (Slavisches Seminar d. Univ.) 1977

3. Briefe

Liebesbriefe an Lilja. Hg. und übertr. von KARL DEDECIUS. Frankfurt a. M. (Suhrkamp) 1981

Love is the heart of everything. Correspondence between Vladimir Mayakovsky and Lili Brik 1915–1930. Hg. von BENGT JANGFELDT. Übers. von JULIAN GRAFFY. Edinburgh (Polygon) 1986

MAJAKOVSKIJ, VLADIMIR V. und LIL'JA JU. BRIK: Perepiska 1915–1930. Hg. von BENGT JANGFELDT. Stockholm (Almqvist & Wiksell) 1982

4. Lebenszeugnisse

BEBUTOV, GAREGIJ V.: Gimnazija. Licom k licu. Tbilisi 1975

BRIK, LIL'JA JU.: O Vladimire Majakovskom. In: Družba narodov (1989), 3, S. 186–240

ČEREMIN, GEORGIJ S.: Put' Majakovskogo k Oktjabrju. Moskva ²1975

ČERTOK, SEMEN M.: Poslednjaja ljubov' Majakovskogo. S vključeniem memuarov Veroniki Polonskoj. Ann Arbor 1983

Erinnerungen an Majakowski. Hg. von GERHARD SCHAUMANN. Leipzig 1972

FEVRAL'SKIJ, ALEKSANDR V.: Vstreči s Majakovskim. Moskva 1971

HUPPERT, HUGO: Erinnerungen an Majakowskij. Frankfurt a. M. 1966

HUPPERT, HUGO: Ungeduld des Jahrhunderts. Erinnerungen an Majakowski. Berlin 1976.

Ja zemnoj šar čut' ne ves' obošel... Sbornik. Hg. von V. N. TERECHINA u. a. Moskva 1988

JAKOBSON, ROMAN, und DMITRIJ S. MIRSKIJ: Smert' Vladimira Majakovskogo. Repr. d. Ausg. 1930. The Hague, Paris 1975
KAMENSKIJ, VLADIMIR V.: Žizn' s Majakovskim. Nachdr. d. Ausg. Moskau 1940 mit einer Einl. von Friedrich Scholz. München 1974
KĖMRAD, SEMEN S.: Majakovskij v Amerike. Stranicy biografii. Moskva 1970
Majakovskij v vospominanijach rodnych i druzej Hg. von LJUDMILA V. MAJAKOVSKAJA u. a. Moskva 1968
Majakovskij. 20 Jahre Arbeit. Katalog hg. zur Ausstellung. Zsgest. 1930 von Majakovskij. Rekonstr. vom Staatl. Literaturmuseum Moskau. Übernommen von der Neuen Gesellschaft für Bildende Kunst Berlin. Red. Eckhart Gillen. Berlin 1978
Sem'ja Majakovskich v pis'mach. Perepiska 1892–1906 gg. Hg. von V. V. MAKAROV. Moskva 1978
ŠKLOVSKIJ, VIKTOR: Erinnerungen an Majakovskij. Aus dem Russ. übers. und ausführlich komment. von Roger Reimar [= Georg Mayer]. Frankfurt a. M. 1966
Vladimir Majakovskij. Memoirs and essays. Hg. von BENGT JANGFELDT u. a. Stockholm 1975. (Acta Universitatis Stockholmiensis. Stockholm studies in Russian literature. 2)
V. V. Majakovskij. Fotoal'bom. Hg. von A. P. IVUŠKINA. 2., erg. Aufl. Moskva 1986

5. Gesamtdarstellungen

BRIGGS, A. D. P.: Vladimir Mayakovsky. A tragedy. Oxford 1979
BROWN, EDWARD J.: Mayakovsky. A poet in the revolution. Princeton 1973
FRIOUX, CLAUDE: Maïakovski. Paris 1978
KATANJAN, VASILIJ A.: Majakovskij. Chronika žizni i dejatel'nosti, 5., erg. Aufl. Moskva 1985
MELIK-NUBAROV, SERGEJ O.: Ja znaju slov nabat... Tvorčestvo V. Majakovskogo. Moskva 1980
MICHAJLOV, ALEKSANDR A.: Majakovskij. Moskva 1988
PERCOV, VITOR O.: Majakovskij. Žizn' i tvorčestvo. Moskva ³1976. 1 (1893–1917). – 2 (1918–1924). – 3 (1925–1930)
TERRAS, VICTOR: Vladimir Mayakovsky. Boston 1983
VLADIMIROV, SERGEJ V., und DMITRIJ M. MOLDAVSKIJ: Vl. Majakovskij. Biografija. Leningrad ⁴1974
WOROSZYLSKI, WIKTOR: The life of Mayakovsky. New York 1971

6. Aufsatzsammlungen

BEBUTOV, GAREGIJ V.: Majakovskij vstrečaet vek dvadcat' pervyj. Stat'i, vospominanija. Tbilisi 1984
Majakovskij i problemy novatorstva. Hg. von VIKTOR O. PERCOV. Moskva 1965
Majakovskij i sovetskaja literatura. Stat'i, publikacii, materialy i soobščenija. Hg. von ZINOVIJ S. PAPERNYJ. Moskva 1964
Poėt i socializm. K ėstetike V. V. Majakovskogo. Hg. von VIKTOR O. PERCOV. Moskva 1971
V mire Majakovskogo. Sbornik statej. Hg. von ALEKSANDR A. MICHAJLOV u. a. Moskva 1984. 2 Bde
Vladimir Vladimirovič Majakovskij gewidmet. Deutsche und russische Beiträge in zwei Bänden. Red.: Peter Bukowski u. a. Hamburg 1977. Bd. 1. Untersuchungen zu einzelnen Aspekten des Werks. Bd. 2. Studien und Materialien

7. *Untersuchungen*

a) Allgemeines

ABRAMOV, ANATOLIJ M.: Ob odnom nezaveršennom zamysle Majakovskogo (poėmy «IV Internacional» i «Pjatyj Internacional»). In: Russkaja literatura (1983), 4, S. 72–83

AIZLEWOOD, ROBIN: Verse form and meaning in the poetry of Vladimir Maiakovskii. London 1989

AL'FONSOV, VLADIMIR N.: Nam slovo nužno dlja žizni. V. poėtičeskom mire Majakovskogo. Leningrad 1984

BAROOSHIAN, VAHAN D.: Brik and Mayakovsky. The Hague, New York 1978

BODROV, M. S.: Vremja i čelovek 20-ch godov v poėzii Majakovskogo. Filosofsko-ėtičeskie problemy. Riga 1987

BRAŽNIKOVA, N. S., und LIDIJA N. NIKOL'SKAJA: Majakovskij i Gete. K postanovke problemy. In: Žanrovo-stilevye problemy sovetskoj literatury. Kalinin 1986, S. 38–52

CHARDŽIEV, NIKOLAJ I., und VLADIMIR V. TRENIN: Poėtičeskaja kul'tura Majakovskogo. Moskva 1970

CHARTERS, ANN, und SAMUEL CHARTERS: I love. The story of Vladimir Mayakovsky and Lili Brik. London 1979

ČUKOVSKIJ, KORNEJ I.: Achmatova i Majakovskij. In: Voprosy literatury (1988), 1, S. 177–205

DENISOVA, ISKRA V.: Revoljucija – ljubov'. Novatorskie prinzipy posleoktjabr'skoj liriki Majakovskogo. 2., erg. Aufl. Moskva 1988

DOLGOPOLOV, LEONID K.: E. Zamjatin i V. Majakovskij. (K istorii sozdanija romana «My»). In: Russkaja literatura (1988), 4, S. 182–185

EISMANN, WOLFGANG: «Wort» und Wortbegriff bei Majakovskij. In: Slavistische Studien zum VII. Internationalen Slavistenkongreß in Warschau 1973. Hg. von JOHANNES HOLTHUSEN u. a. München 1973, S. 46–74

ERHARDT, PETER: Die künstlerische Funktion der Neologismen in V. V. Majakovskijs Werken. Diss. Berlin 1971

ĖTKIND, EFIM: Majakowskij: Nachdichtungen von Karl Dedecius. In: Suche die Meinung. Karl Dedecius dem Übersetzer und Mittler zum 65. Geburtstag. Hg. von ELVIRA GRÖZINGER u. a. Wiesbaden 1986, S. 37–45

ĖVENTOV, ISAAK S.: Tri poėta. V. Majakovskij, D. Bednyj, S. Esenin. Ėtjudy i očerki. 2., erg. Aufl. Leningrad 1984

FORBERGER, ASTRID: Metaphorik und Symbolik in Majakovskijs Werk. In: Archiv für das Studium der neueren Sprachen und Literaturen 209 (1973), S. 337–352

GONČAROV, BORIS P.: O poėtike Majakovskogo. Moskva 1973

GONČAROV, BORIS P.: Poėtika Majakovskogo. Liričeskij geroj posleoktjabr'skoj poėzii i puti ego chudožestvennogo utverždenija. Moskva 1983

HEIL, JERRY: Russian futurism and the cinema: Majakovskij's film work of 1913. In: Russian literature 19 (1986), S. 175–191

HIELSCHER, KARLA: Majakovskij und Mejerchol'd: «Mysterium buffo» und die Anfänge des linken Avantgardetheaters. In: Majakovskij. 20 Jahre Arbeit. Katalog hg. zur Ausstellung. Zsgest. 1930 von Majakovskij. Rekonstr. vom Staatl. Literaturmuseum Moskau. Übernommen von d. Neuen Gesellschaft für Bildende Kunst Berlin. Red. Eckhart Gillen. Berlin 1978, S. 74–87

HUMESSKY, ASSYA: Majakovskij and his neologisms. New York 1964

IVLEV, DMITRIJ D.: Ritmika Majakovskogo i tradicii russkogo klassicističeskogo sticha. Riga 1973

JANGFELDT, BENGT: Ešče raz o Majakovskom i Lenine. (Novye materialy). In: Scando-Slavica 33 (1987), S. 129–139

JANGFELDT, BENGT: Majakovskij and futurism. 1917–1921. Stockholm 1976. (Acta Universitatis Stockholmiensis. Stockholm studies in Russian literature. 5)
JOVANOVIĆ, MILIVOJE: Bazarov i Majakovskij. In: Slavica 23 (1986), S. 71–96
KÖNIG, GERLIND: Zur Wiedergabe des Stils Majakovskijs in deutschen Übersetzungen. Eine Analyse unter besonderer Berücksichtigung des Sprachstils. Diss. Rostock 1971
KOLB, ERICH: Majakovskijs Interpretation der Beziehungen zwischen Kunst und Technik. Diss. Gießen 1972
KOLOSKOV, ALEKSANDR I.: Majakovskij v bor'be za kommunizm. Moskva ²1969
KUPINA, N. A.: Lirika rannego Majakovskogo. Lingvističeskij analiz. Sverdlovsk 1988
LAVUT, PAVEL I.: Majakovskij edet po Sojuzu. Vospominanija. 3., erg. Aufl. Moskva 1978
Majakovskij delaet vystavku. Hg. von KONSTANTIN M. SIMONOV. Moskva 1973
MAŠBIC-VEROV, IOSIF M.: Vo ves' golos. O poėmach Majakovskogo. Kujbyšev 1980
MIKULAŠEK, MIROSLAV: Pobednyj smech. (Opyt žanrovo-sravnitel'nogo analiza dramaturgii V. V. Majakovskogo.) Brno 1975
MOLDAVSKIJ, DMITRIJ M.: Perekrestok stichov i trass. Leningrad 1972
MOLDAVSKIJ, DMITRIJ M.: S Majakovskim v teatre i kino. Kniga o S. Jutkeviče. Moskva 1975
MOSKOVSKIJ, ALEKSEJ P.: Majakovskij smeetsja. Irkutsk 1984
NIKOL'SKAJA, LIDIJA N.: Čelovek i vremja v chudožestvennoj koncepcii V. Majakovskogo. L'vov 1983
PERCHIN, V. V.: Iz istorii izučenija poėtiki V. V. Majakovskogo-dramaturga (po materialam sovetskoj kritiki 30-ch godov). In: Russkaja literatura (1987), 2, S. 180–194
PETERS, JOCHEN-ULRICH: Poesie und Revolution. Majakovskijs Lyrik und Versepik als Paradigma der russich-sowjetischen Avantgarde. Konstanz 1979
PETROSOV, KONSTANTIN G.: Poėzija Majakovskogo. Kolomna 1971
PETROSOV, KONSTANTIN G.: Tvorčestvo V. V. Majakovskogo. (O russkoj poėtičeskoj tradicii i novatorstve). Moskva 1985
PEZOLD, ANTONIA: Lenins Einfluß auf W. Majakowski, J. R. Becher und A. József. In: Weimarer Beiträge 16 (1970), 4, S. 155–167
PICKEL', FAINA M.: Majakovskij. Chudožestvennoe postiženie mira. Ėpos, lirika, tvorčeskoe svoeobrazie, ėvoljucija metoda i stilja. Moskva 1979
POLJANOVSKIJ, MAKS: Kinozvezda – Volodja Majakovskij. [Faks. d. Ausg. Moskva 1940]. Holyoke 1983
POMORSKA, KRYSTYNA: Majakovskij and the myth of immortality in the Russian avant-garde. In: The Slavic literatures and modernism. Stockholm 1986. (Konferenser. 16), S. 49–69
RAKOV, VASILIJ P.: Majakovskij i sovetskaja poėzija 20-ch godov. 2., überarb. und erg. Aufl. Moskva 1976
Revoljucija. Žizn'. Pisatel'. V chudožestvennom mire V. V. Majakovskogo. Hg. von ANATOLIJ M. ABRAMOV: Voronež 1986
RODE, ANGELIKA: Wesen und Aufgabe der Dichtung in Majakovskijs poetologischer Theorie und dichterischer Praxis 1917–1930. Tübingen 1978.
RUŽINA, VADIM A.: Majakovskij protiv religii. Kišinev 1967
SARYČEV, VLADIMIR A.: Majakovskij. Nravstvennye iskanija. Voronež 1984
SCHAUMANN, GERHARD: Majakovskij und der deutsche Expressionismus. In: Zeitschrift für Slawistik 15 (1970), S. 517–520
SCHAUMANN, GERHARD: Phantastik und Realismus in Majakovskijs Komödien. In: Zeitschrift für Slawistik 12 (1967), S. 314–327
SCHOLLE, CHRISTINE: Futuristisches Theater. Majakovskij – Kručenych – Chleb-

nikov. In: Zeitschrift für Ästhetik und allgemeine Kunstwissenschaft 27 (1982), S. 169–197
Schwarz, Wolfgang F.: Drama der russischen und tschechischen Avantgarde als szenischer Text. Zur Theorie und Praxis des epischen und lyrischen Dramas bei Vladimir Majakovskij und Vitězslav Nezval. Frankfurt a. M., Bern, Cirencester 1980.
Serbin, Pavel K.: Izučenie tvorčestva Vladimira Majakovskogo. Posobie dlja učitelej. Kiev 1976
Šerstjuk, I. A.: V. I. Lenin v žizni i tvorčestve Majakovskogo. Frunze 1979
Seyppel, Joachim: Die Unperson oder Schwitzbad und Tod Majakowskis. Der Schriftsteller im real existierenden Sozialismus nach Biermann. Köln 1979
Smirnov-Nesvickij, Jurij A.: Osobennosti poėtiki teatra Majakovskogo. Leningrad 1980
Smirnov-Nesvickij, Jurij A.: Zrelišče neobyčajnoe. Majakovskij i teatr. Leningrad 1975
Smorodin, Anatolij A.: Poėzija Majakovskogo i publicistika 20-ch godov. Leningrad 1972
Stahlberger, Lawrence Leo: The symbolist system of Majakovskij. The Hague 1964
Stapanian, Juliette R.: Mayakovsky's cubo-futurist vision. Houston 1986
Štokmar, Michail P.: Rifma Majakovskogo. [Repr. d. Ausg.] Moskva 1958. Letchworth 1972
Storch, Wolfgang: Vladimir Majakovskij. Ungekürzte, vom Autor durchges. Ausg. München 1977
Storožev, Aleksandr I.: Satira dooktjabr'skogo perioda v tvorčestve V. V. Majakovskogo. Volgograd 1969
Stykalin, Sergej I.: Okna satiry ROSTA. Moskva 1976
Subbotin, Aleksandr S.: Dva lirika. Majakovskij i Esenin. In: V mire Esenina. Hg. von Aleksandr A. Michajlov u. a. Moskva 1986, S. 457–475
Subbotin, Aleksandr S.: Majakovskij skvoz' prizmu žanra. Moskva 1986
Sverbilova, Tat'jana G.: Komedii V. V. Majakovskogo i sovremennaja sovetskaja dramaturgija. Kiev 1987
Trenin, Vladimir V.: V masterskoj sticha Majakovskogo. Moskva 1978
Tschistowa, Bella Je.: Iwan Goll, der erste deutsche Majakowski-Nachdichter. In: Kunst und Literatur 21 (1973), S. 702–713
Tschistowa, Bella Je.: Majakowski und Becher. In: Kunst und Literatur 18 (1970), S. 698–720
Ušakov, A. M.: Majakovskij und Grosz. In: Begegnung und Bündnis. Sowjetische und deutsche Literatur. Historische und theoretische Aspekte ihrer Beziehungen. Hg. von Gerhard Ziegengeist. Berlin 1972, S. 398–408
Verevkin, Boris P.: Majakovskij v gazete. Moskva 1986
Vinokur, Grigorij O.: Majakovskij – novator jazyka. Nachdruck d. Moskauer Ausg. von 1943. Mit einer Vorbemerkung von Dmitrij Tschiżewskij. München 1967
Vladimirov, Sergej V.: Ob ėstetičeskich vzgljadach Majakovskogo. Leningrad 1976
Volkov-Lannit, Leonid F.: Vižu Majakovskogo. Moskva 1981
Wangenheim, Inge v.: Der Zeichner Majakowski. In: Neue Deutsche Literatur 24 (1976), 11, S. 66–71
Zemljanova, Lidija M.: Majakovskij v traktovke amerikanskich sovetologov. In: Poėt i socializm. Hg. von Viktor O. Percov. Moskva 1971, S. 372–404

b) Zu einzelnen Werken

ABRAMOV, ANATOLIJ M.: Poèma V. Majakovskogo «Chorošo!» Moskva 1969

BAHRO, GUNDULA: Die Beziehung von Majakovskijs Kindergedichten zu seinem Poem «Chorošo». In: Zeitschrift für Slawistik 19 (1974), S. 772–774

BOČAROV, MICHAIL D.: P'esa V. V. Majakovskogo «Banja». Rostov-na-Donu 1972

BRAŽNIKOVA, N. S., und N. R. MAKAR: Žanrovo-stilevoe svoeobrazie poèmy V. Majakovskogo «Oblako v štanach». In: Voprosy russkoj literatury 43 (1984), 1, S. 11–18

CHAN, ANNA: Zametki o funkcii metamorfoz v poème «Pro èto». In: Acta Universitatis Szegediensis de Attila József Nominatae. Slavistische Mitteilungen 16 (1984), S. 193–215

DANNHAUER, ELISABETH: Die Lyrik Majakovskijs in der deutschen Nachdichtung Hugo Hupperts. Eine vergleichende Stiluntersuchung des Poems «Chorošo» und der deutschen Übersetzung «Gut und Schön». Diss. Jena 1971

FEVRAL'SKIJ, ALEKSANDR V.: Pervaja sovetskaja p'esa «Misterija-Buff» V. V. Majakovskogo. Moskva 1971

HAJAK, STEFANIE: V. V. Majakovskijs «Ja sam». Untersuchungen zur Struktur einer futuristischen Autobiographie. Wiesbaden 1989

HOLTHUSEN, JOHANNES: Metaphern und «Verwandlungen» in Majakovskijs «Pro èto». In: Die Welt der Slaven 18 (1973), S. 201–215

IVLEV, DMITRIJ D.: Poèma V. V. Majakovskogo «Vladimir Il'ič Lenin». 2., verb. und erg. Aufl. Moskva 1986

LACHMANN, RENATE: Intertextualität in der Lyrik. Zu Majakovskijs «Oda revoljucii». In: Wiener slawistischer Almanach 5 (1980), S. 5–23

LAUER, REINHARD: Vladimir Majakovskijs Gedicht «Koe-čto pro Petersburg». In: Spectrum slavicum. Festschrift für Maximilian Braun zum 80. Geburtstag. Hg. von REINHARD LAUER u. a. Wiesbaden 1983, S. 229–241

MAŠBIC-VEROV, IOSIF M.: Poèma V. V. Majakovskogo «Vladimir Il'ič Lenin». Kommentarij. Moskva ²1984

MENETREY, T.: The relationship of the fantastic future to the present in Mayakovsky's «Klop» and «Bania». In: Melbourne Slavonic studies 17 (1983), S. 95–111

MICHAJLOV, ALEKSANDR A.: «Èto vremja gudit...». (Poèma Majakovskogo «Chorošo!». Vzgljad iz 80-ch). In: Russkaja literatura (1988), 3, S. 3–31

MICHAJLOV, ALEKSANDR A.: «Imja ètoj teme: ... !» (O poème V. Majakovskogo «Pro èto»). In: Voprosy literatury (1988), 7, S. 148–166

PETERS, JOCHEN-ULRICH: Die «in Bronze gegossene Oktoberrevolution». Majakowskijs Verspoem «Choroscho» («Gut und schön») als heroisches Dokument des frühen Stalinismus. In: Literatur- und Sprachentwicklung in Osteuropa im 20. Jahrhundert. Ausgewählte Beiträge zum Zweiten Weltkongreß für Sowjet- und Osteuropastudien. Hg. von EBERHARD REISSNER. Berlin 1982, S. 147–156

SAMOJLENKO, GRIGORIJ V.: A. Fadeev i V. Majakovskij. In: Voprosy russkoj literatury 47 (1986), 1, S. 37–41

SCHAUMANN, GERHARD: Revolution und Utopie in Majakovskijs «Pro èto». In: Zeitschrift für Slawistik 33 (1988), S. 49–55

SCHULZKI, FRANZ: Das Gedicht «Deutschland» von Vladimir Majakovskij als Ausdruck des proletarischen Internationalismus. In: Wissenschaftliche Zeitschrift des Pädagogischen Instituts Güstrow 9 (1971), Sonderh., S. 35–38

SCHULZKI, FRANZ: Traditionen Heines in Majakowskis Gedicht «Norderney». In: Wissenschaftliche Zeitschrift der Pädagogischen Hochschule Güstrow 22 (1973), 6, S. 107–116

SEEMANN, KLAUS DIETER: Aufführungs- und Deutungsprobleme des implizitsatirischen Dramas am Beispiel von Majakovskijs «Klop» und «Banja». In: Die Welt der Slaven 33 (1988), S. 121–140

SERBIN, PAVEL K.: Liro-ėpičeskaja poėma u V. Majakovskogo i A. Tvardovskogo («Chorošo!» i «Za dal'ju – dal'»). In: Voprosy russkoj literatury 43 (1984), 1, S. 18–24

SERBIN, PAVEL K.: Tema poėta i poėzii v tvorčestve V. Majakovskogo i A. Tvardovskogo. In: Voprosy russkoj literatury 47 (1986), 1, S. 31–36

STIEGER, CYRILL: Majakovskijs «Oblako v štanach». Versuch einer sprachorientierten Interpretation. Bern, Frankfurt a. M., Las Vegas 1980

VEIT, BIRGIT: Die Tradition des Amerikabildes und dessen Gestaltung in Voznesenskijs «Nočnoj aėroport v N'ju-Jorke» im Vergleich zu Majakovskijs «Bruklinskij most» unter besonderer Berücksichtigung der Metaphorik. In: Russische Sprache und Literatur der Gegenwart in Unterricht und Forschung. Materialien des Internationalen MAPRJAL-Symposiums, Mainz, 5.–8. Oktober 1981. Hg. von ANATOLE ALITAN. Hamburg 1982, S. 213–233

VIŠNEVSKIJ, K. D.: Poėma V. V. Majakovskogo «Chorošo!». Kommentarij. Moskva 1987

WALD, HEIDRUN: Hugo Huppert als Übersetzer des Lenin-Poems. In: Zeitschrift für Slawistik 15 (1970), S. 521–528

8. Wirkungsgeschichte

BURDINA, S. V.: Tradicii Majakovskogo v sovremennoj sovetskoj poėme o vojne. In: Vestnik Moskovskogo Universiteta. Serija 9. Filologija (1986), 5, S. 3–8

ČEREMIN, GEORGIJ S.: Iz istorii izučenija tvorčestva Majakovskogo (Majakovskij i kul't ličnosti Stalina). In: Russkaja literatura (1989), 2, S. 85–94

CĚEREMIN, GEORGIJ S.: Ob osveščenii tvorčestva V. V. Majakovskogo literaturnoj kritikoj 1917–1925 godov. In: Russkaja literatura (1984), 4, S. 150–158

ČEREMIN, GEORGIJ S.: V. V. Majakovskij v literaturnoj kritike. 1917–1925. Leningrad 1985

Majakovskij i literatura narodov Sovetskogo Sojuza. Hg. von KAZAR V. AJVAZJAN u. a. Erevan 1983

Majakovskij i sovremennost'. Moskva 1977

Majakovskij i sovremennost'. Bd. 2. Hg. von STANISLAV LESNEVSKIJ: Moskva 1984

Majakovskij i sovremennost'. Hg. von A. M. UŠAKOV. Moskva 1985

Majakovskij v sovremennom mire. Stat'i, issledovanija, materialy i vospominanija. Hg. von VERA V. TIMOFEEVA. Leningrad 1984

Majakowski in Deutschland. Texte zur Rezeption 1919–1930. Hg. von ROSWITHA LOEW u. a. Berlin 1986

PARNIEWSKI, WITOLD: Majakowski – fascynacja i opór. Z dziejów recepcji w Polsce. Lódz 1981

PETROSOV, KONSTANTIN G.: Majakovskij v ocenke buržuaznych literaturovedov. In: Poėt i socializm. Hg. von VIKTOR O. PERCOV: Moskva 1971, S. 405–421

POTOLKOV, JU.: Perevodčiki i perevody proizvedenij Vladimira Majakovskogo v Pol'še 20-ch godov. Rzeszów 1979

RABINOVIČ, GEORGIJ B.: Majakovskij vo francuzskoj literaturno-chudožestvennoj kritike. Moskva 1984

Sovetskie poėty o Majakovskom. Hg. von V. V. MAKAROV. Moskva 1976

STEPHAN, HALINA: The myth of the revolutionary poet: Majakovskij in three modern plays. In: Slavic and East European journal 30 (1986), S. 247–261

TERECHINA, V. N.: Majakovskij v zarubežnom mire. In: Majakovskij v sovre

mennom mire. Stat'i, issledovanija, materialy i vospominanija. Hg. von Vera V. Timofeeva. Leningrad 1984, S. 251–273
V. V. Majakovskij i sovetskaja poėzija. (Tvorčeskie svjazi, tradicii i novatorstvo). Hg. von Vasilij P. Rakov. Moskva 1985
Volkov, Ivan F.: Tvorčestvo V. Majakovskogo kak sostavnaja čast' mirovoj socialističeskoj literatury XX veka. In: Zeitschrift für Slawistik 31 (1986), S. 803–806

NAMENREGISTER

Die kursiv gesetzten Zahlen bezeichnen die Abbildungen

QUELLENNACHWEIS DER ABBILDUNGEN

Staatlicher Kunstverlag Iskusstwo, Moskau-Leningrad: Umschlag-Vorderseite, 11 links, 11 rechts / Ullstein Bilderdienst, Berlin: 6, 30, 39, 45, 56/57, 58, 62, 63, 69, 92, 95, 98, 100, 104/105, 108, 109, 110, 122/123 / Hugo Huppert, Wien: 8/9, 12, 14/15, 17 oben, 17 unten, 19, 20, 21, 23, 24, 26, 27, 29, 35, 42, 65, 70, 73, 74, 78, 85, 87, 89, 103, 113, 116, 119, 129, 131, 132, 133, 139, 141, 142, 144/145, 146, 147, 148, 151, 152 / Majakowski-Museum, Moskau: 33, 126, Umschlag-Rückseite / Archiv für Kunst und Geschichte, Berlin: 38 / Süddeutscher Verlag, Bild-Archiv, München: 46, 50/51, 55, 59, 91, 96/97, 107, 136 / Keystone-Photo, München: 154 / H. Roger Viollet, Paris: 156 oben / Aus «USSR im Bau», 7, 1940: 156 unten.